大川隆法
Ryuho Okawa

公開霊言

周《しゅう》恩《おん》来《らい》の予言

新中華帝国の隠れたる神

まえがき

中国の今後を予測することは、アジア、太平洋地域の未来や、アメリカ合衆国との第二次冷戦（米ソ冷戦を第一次とすると）の結末、そして、二十一世紀の世界がどうなるかを占うことになる。まだ霊査が及んでいなかった周恩来《しゅうおんらい》・元首相を今回、特別霊査してみた。判明したことは、新中華帝国の実質上の「神」が、毛沢東・元主席ではなくて周恩来だということだ。

中国人の多くが、周恩来というと諸葛孔明《しょかつこうめい》を思い浮かべるという、智謀《ちぼう》があり、かつ、忠誠の鑑《かがみ》のような人物である。彼の霊言、あるいは、予言には、一定の真実性がある。米中実力伯仲の時期は、もう数年以内に迫っている。「幸福実現党」

の主張は決して過激《かげき》ではない。これが日本生存のデッド・ライン（最終期限）なのだ。民主党ほかの人気取り政党は問題外だが、自民党の政策さえ、十年以上遅れている。祈るような気持ちで本書を刊行する。

二〇一二年　十二月三日　エル・カンターレ祭を前にして

幸福《こうふく》の科学《かがく》グループ創始者兼総裁《そうししゃけんそうさい》　大川隆法《おおかわりゅうほう》

周恩来の予言　目次

周恩来《しゅうおんらい》の予言
――新中華帝国《ちゅうかていこく》の隠《かく》れたる神――

二〇一二年十二月二日　周恩来の霊示《れいじ》
東京都・幸福の科学　教祖殿《きょうそでん》　大悟館《たいごかん》にて

「霊言現象《れいげん》」とは、あの世の霊存在の言葉を語り下ろす現象のことをいう。これは高度な悟《さと》りを開いた者に特有のものであり、「霊媒現象《れいばい》」（トランス状態になって意識を失い、霊が一方的にしゃべる現象）とは異なる。外国人霊の霊言の場合には、霊言現象を行う者の言語中枢《ちゅうすう》から、必要な言葉を選び出し、日本語で語ることも可能である。

なお、「霊言」は、あくまでも霊人の意見であり、幸福の科学グループとしての見解と矛盾《むじゅん》する内容を含《ふく》む場合がある点、付記しておきたい。

周《しゅう》恩《おん》来《らい》の予《よ》言《げん》

――新中《ちゅう》華《か》帝《てい》国《こく》の隠《かく》れたる神――

二〇一二年十二月二日　周恩来の霊示《れいじ》
東京都・幸福の科学 教《きょう》祖《そ》殿《でん》 大《たい》悟《ご》館《かん》にて

周恩来《しゅうおんらい》（一八九八～一九七六）

中華《ちゅうか》人民共和国の政治家。江蘇省《こうそしょう》生まれ。青年時代には日本やフランスに留学した経験を持つが、帰国後、中国共産党に入党した。一九四九年に中華人民共和国が誕生すると同時に首相に就任し、以後、死去するまで、その任にあって、一度も失脚《しっきゃく》しなかったため、「不倒翁《ふとうおう》」と言われている。文化大革命では毛沢東《もうたくとう》を支持したが、その混乱の収拾にも努めた。

質問者　※質問順

酒井太守《さかいたいしゅ》（幸福の科学宗務《しゅうむ》本部担当理事長特別補佐《ほさ》）

石川雅士《いしかわまさし》（幸福の科学宗務本部第一秘書局長代理）

大川真輝《おおかわまさき》（幸福の科学宗務本部総裁室チーフ）

［役職は収録時点のもの］

1　周恩来《しゅうおんらい》元首相に「中国の今後」を訊《き》く

中国人に「諸葛孔明《しょかつこうめい》のイメージ」で見られている周恩来

大川隆法　私は、三日後の十二月五日《いつか》に、「地球的正義とは何か」という題で説法《せっぽう》を行う予定ですが（東京国際フォーラムにて）、その内容においては、おそらく、「中国が、今後、どのように動くか」という予測の部分が非常に重要だろうと思います。この予測が外れると、その内容がかなり違《ちが》ってくるのではないかと思います。

中国に関しては、毛沢東《もうたくとう》や鄧小平《とうしょうへい》、習近平《しゅうきんぺい》、李克強《りこくきょう》、胡錦濤《こきんとう》、温家宝《おんかほう》を、本人や守護霊《しゅごれい》の霊言《れいげん》で、すでに調べてありますが、まだ調べていなくて、気になっている人が一人います。それは周恩来《しゅうおんらい》です。この人が残っています。

周恩来は、毛沢東時代に、二十五年ぐらいの長きにわたって首相を務めた人ですが、これは非常に不思議でした。毛沢東など、軍事的革命を行った人は、側近《そっきん》を信じないので、すぐに彼らを粛清《しゅくせい》するのですが、この周恩来は、約二十五年間も首相のままで毛沢東に仕えていられたのです。

周恩来が亡《な》くなったのは今から三十六年も前ですが、日本人は、彼のことを、わりによく知っていました。日中国交回復直後の一九七六年に、周恩来も毛沢東も亡くなりましたが、周恩来は毛沢東体制をずっと支えていた人物だと思います。

中国人に、「周恩来について、どのようなイメージを持つか」と訊《き》くと、「三国志の諸葛亮孔明《しょかつりょうこうめい》」という答えが多いようです。「知謀《ちぼう》があるけれども、忠誠心もあり、誠実に主君を支える」というイメージがあるらしいのです。

諸葛孔明はマンガや軍記物では軍事的天才のように描《えが》かれていますが、「現実には、軍事の才よりも、文治《ぶんち》の才、内政を治める才のほうが高かったのではないか」とも言われています。

周恩来は、おそらく、中国の霊界《れいかい》において、大きな影響力《えいきょうりょく》を持っているのではないかと思います。

「中国の今後」として予想される幾《いく》つかのシナリオ

大川隆法　今は、次の衆院選において、「自民党側が優勢になるか。それとも、民主党など左寄りの勢力が優勢になるか」という、大きな賭《か》けが来ていますが、私どもが未来を予想するに当たっても、一つの大きな賭けが来ていると思います。

今、予想されているように、中国が、どんどん軍事力を強化して、大国化し、十年以内に、アメリカと拮抗《きっこう》するような戦力に到達《とうたつ》すると、アメリカ軍は、アジア・太平洋あたりから、かなり押《お》し出され、中国の時代がやってくるかもしれません。

その場合、日本は、中国の植民地か自治区になるかもしれませんし、ただただ朝《ちょう》貢《こう》をすれば済むかもしれませんが、いずれにしろ、「中国の家来《けらい》になるかたちで生き残っていくスタイル」が考えられます。これが一つ目のシナリオです。

二つ目には、「アメリカの力がリバウンドしてきて、軍事的にも経済的にも強くなり、米ソ冷戦のときのように、力で中国をねじ伏《ふ》せてしまうかたちの未来」も、ありうるとは思います。

かつて、米ソの両国は、核《かく》戦争の恐怖《きょうふ》まで煽《あお》りながら、軍事拡張競争を行いましたが、ソ連のゴルバチョフが冷戦の負けを認め、「軍事予算を削減《さくげん》しなければ、もう国がもたない」と考えて軍事費の削減に入り、経済の立て直しをやり始めて、民主化や自由化を行ったら、ソ連邦《れんぽう》は、あっという間に崩壊《ほうかい》し、ロシアと幾《いく》つかの国家に分かれてしまいました。

今、ロシア自体は世界九位ぐらいのGDP（国内総生産）になっています。核兵器は持っているものの、もはや世界的な脅威《きょうい》ではなくなっていると言えます。

「中国についても、これと同様のことが起こる」というシナリオが、もう一つ、あるのではないかと思っています。

それから、三つ目のシナリオとしては、「中国は拡張していくけれども、経済的、軍事的にアメリカが衰退《すいたい》していく部分を、日本が頑張《がんば》って経済的にも軍事的にも補完をしつつ、アジアの他《た》の国々とも協調しながら、中国包囲網《ほういもう》をつくり、何とか持ちこたえる」というものがあります。このように、力の均衡《きんこう》を逸《いっ》しないかたちで引っ張っていくやり方も一つあろうかと思います。

さらに、四つ目のシナリオとしては、「中国が、意外に脆《もろ》く、内部崩壊を起こし、バラバラになって、幾つかの国々に分裂《ぶんれつ》する。かつてのソ連邦のように、大きくなろうとしながら、分裂してしまう」というものもありえます。

あるいは、五つ目として、逆に、「派手な戦争が現実に起き、その勝敗によって歴史が変わる」というシナリオも考えられます。

今日（二〇一二年十二月二日）は日曜日なので、新聞に大きな広告が載《の》っていますが、幸福実現党も、立木《ついき》党首の写真を使った全面広告を載せ、国民への約束として、一番目に「核保有」、二番目に「消費増税の中止」、すなわち経済成長、三番目に「原発推進」という三つを挙げています。

これを見れば、幸福実現党は、中国にとって、ズバリ、いちばん嫌《いや》な政党であろうと思います（笑）。最もやってほしくないことばかり並べています。幸福実現党は、〝モルモットの囮《おとり》型政党〟と言われれば、そうなのかもしれませんが、中国にしてみれば、最も撃《う》ち落としてほしい政党ではないかと思うので、幸福実現党には、いろいろと内外の圧力がかかってくるかもしれません。

そのように、「日本自体が独自に強くなり、中国と対抗する」という考え方もあります。

また、インド等が次の勢力となって広がってくるので、このあたりと手を組んでいく方法もあるかもしれません。

アメリカには、「日本を見捨てる」という選択肢《せんたくし》もある

大川隆法　考え方としては、まだまだあるのですが、もちろん、平和裡《へいわり》に、すべてがうまくいくことが望ましいと思います。

しかし、平和裡にうまくいくシナリオを考えてみると、もう一つ、日本にとって

は危険なシナリオも、ないわけではありません。「今と同じ状態で平和が続く」と考えるのは、やはり甘《あま》いのです。

「早ければ二〇一六年ごろまでに米中の経済力は拮抗する」という説もありますし、ほかにも、「二〇二〇年ごろ」という説や、「二〇二二年か二三年」という説、「もう少しかかる」という説など、いろいろありますが、いずれにしても、どうやら、ここ十年以内に米中の経済力は拮抗しそうです。

今、中国のGDPはアメリカの半分ぐらいでしょうが、今の成長率で行くと、おそらく、「二〇二〇年プラスマイナス数年」ぐらいでアメリカに追いつきそうです。

その間《かん》、中国の軍事力が拡張していけば、どうなるでしょうか。通常、新たに台頭する力は、従来の大きな力とぶつかるものなのです。

ただ、「そのときのアメリカの指導者が誰《だれ》か」ということによって、シナリオが変わってくる面はあると思います。

さらに、「中国が快進撃《かいしんげき》をし、アメリカに追いつくか、あるいは追い越《こ》す」というシナリオのなかには、同時に、「日本の没落《ぼつらく》」というシナリオが、もう一つ入っています。

最近、経済では世界二位から三位に転落したばかりの日本ですが、「日本は、やがて、十位、二十位、三十位と、どんどん下がっていく」という予想もあり、「二〇五〇年ぐらいまでに、世界の二、三十位ぐらいになる」という説まであります。

現在の日本は、軍事的に戦えない体制になっていますが、経済面で転げ落ちていき、経済的に、いわゆる中流国になってしまった場合、どうなるでしょうか。

今の日本には、まだ、中国と拮抗するぐらいの経済力があります。人口は中国の十分の一ですが、貿易的に見れば、そう大きく変わらない力はあるのです。

しかし、もし日本が何十位という順位まで落ちていくと、アメリカに、「もう日米同盟にこだわる必要はないのではないか」と考える指導者が出てきても、おかしくはありません。

つまり、アメリカの指導者が、「こんな小さな国になったのだから、もう、日本を捨て、米中で組んだほうが早いのではないか。経済的にも、中国のほうがアメリカと互角《ごかく》になってきており、力としては大きいし、米中が同盟することによって、もう米中の核戦争は起きないので、それは両国にとって非常によい。米中のＧＤＰを併《あわ》せれば、世界経済の半分ぐらいになる」と考える時代が来るかもしれません。

そのとき、アメリカには、「日本を見捨てる」という選択肢《せんたくし》も一つあるだろうと思うのです。

これまでのアメリカの路線から、日本の外務省は、長らく、「アメリカとの同盟さえ堅持《けんじ》していればよい。アメリカに勝てるような軍事大国はないので、日米同盟が不敗の地であり、これさえ守っていれば、あとは何もすることはない」と考えてきました。

そのように、「日米関係を良好にし、アメリカと同盟を結べていれば、心配することはない」という考えもありましたが、今後は、「日本がアメリカに見捨てられる」という選択肢がもう一つあるのです。

こういうことは歴史的にもあることです。例えば台湾《たいわん》がそうです。

台湾は、以前は中華《ちゅうか》民国と呼ばれていました。今も正式には中華民国かもしれませんが、日本もアメリカも、かつては中華民国と国交がありました。

しかし、中華人民共和国、現在の中国、チャイナが、あれだけ大きくなったため、結局、日米は大きいほうを取ったのです。

チャイナのほうは、「わが国と国交を結ぶ以上、台湾との国交を捨てよ」と迫《せま》ったので、体制的には同じ資本主義なのに、日本もアメリカも、「中華民国との国交を断絶する」という挙《きょ》に出ました。今、台湾は、日本ともアメリカとも国交がない状態で存在しています。これは日米が中国の言い分に屈《くっ》した結果なのです。

こういうことが日本に対しても起きないとはかぎりません。それはありうると思うのです。

中国から企業《きぎょう》を引き揚《あ》げ始めているアメリカ

大川隆法　いずれにしても、当会の行動は非常にリスキーだと私は思っています。今日の毎日新聞には、私の著書『日蓮《にちれん》が語る現代の「立正安国論《りっしょうあんこくろん》」』（幸福の科学出版刊）の広告が載っており、日本に再び「元寇《げんこう》」が迫っていることが警告されています。

ただ、あのように、「元寇があるぞ」「中国が攻《せ》めてくるぞ」というようなことを言うと、当会が迫害《はくがい》を受けることもありえます。また、「予言が当たった」ということで、あとから認められたとしても、すでに教団としては弱っていることもありうるので、いずれにしろ、非常にリスキーなことを、今、当会は行っています。

そういう意味では、私も、どこまで責任が持てるか、分かりません。予言が外れて、多くの人々を迷わせるよりはましかと思いますが、予言が当たったからといって、教団が助かるとはかぎりません。名誉《めいよ》は回復できても、教団としての戦力を維《い》持《じ》できるかどうか、分からないのです。そういう怖《こわ》い面はあります。

日中関係の悪化に伴《ともな》い、日本には、経済界を中心に、「せっかく、中国に工場をたくさん出し、経済取引を拡大してきたのに、もったいない」という考えがあるので、「何とかして仲良くできないか」と思って、懐柔策《かいじゅうさく》、宥和策《ゆうわさく》を模索《もさく》する動きがかなりあるだろうと思います。

そのため、経済界には、「このままでは日本は軍国主義化する」というような見方をし、左翼《さよく》と一緒《いっしょ》になって、それに反対する人たちも出るだろうと推定します。

ただ、今、オバマ政権下のアメリカでは、製造業等が中国に下請《したう》けに出している生産を、アメリカ国内に引き揚《あ》げる動きが始まっています。これは、「中国で生産していたのでは危険だ」という判断に基《もと》づくものなのです。

例えば、アップルの「iPhone《アイフォン》」は、デザインはカリフォルニアですが、組み立てはチャイナになっており、中国で百万人もの雇用《こよう》を生んでいます。

それに対して、アメリカ人は一種の怖さを感じ始めたのです。農業品ならともかく、最先端《さいせんたん》技術の製品の工場が中国にあると、何かが起きた場合でも、軍事的衝突《しょうとつ》ができなくなる可能性が高いからです。そういう意味で、今、アメリカは、国内への呼び戻《もど》しをかなりかけています。

スティーブ・ジョブズが亡くなる前、オバマ大統領はジョブズと話をして、「アップルの製品をアメリカ国内で生産できないか」と言ったそうですが、ジョブズのほうは、「人件費が高すぎて無理です」という意見だったようです。

ただ、中国のあの暴動や軍事拡張主義を見ると、今の中国にはカントリーリスクがかなりあります。また、「製品の輸送費等が加わると、アメリカ国内での生産と、それほど差はなくなってきているかもしれない」という考えもあります。

今の日本も、アメリカを見習って、「日本国内や、ほかの友好国に工場をシフトするかどうか」という判断をしなくてはならないのですが、おそらく、日本政府の判断は遅《おそ》く、最後までぐずぐずするだろうと思うのです。

「アメリカはわりに早く戦略的撤退《てったい》ができても、日本の企業《きぎょう》は逃《に》げ遅《おく》れ、何か紛《ふん》争《そう》が起きた場合、そうとうな被害《ひがい》を受けるだろう」という予想が立っています。

毛沢東《もうたくとう》の「先軍政治《せんぐんせいじ》」に戻《もど》そうとしている習近平《しゅうきんぺい》

大川隆法　「憶測《おくそく》にすぎない」と言われるかもしれませんが、私は、習近平《しゅうきんぺい》氏が本心では「拡張主義者」であることを、ほぼ見抜《みぬ》いているのです。一方、周恩来は、どのように考えているのでしょうか。

習近平氏は、結局、毛沢東《もうたくとう》の時代の考えに戻《もど》そうとしているように見えます。

毛沢東の時代は「先軍政治《せんぐんせいじ》」であり、要するに、「食べることよりも軍事のほうが先だ」という、今の北朝鮮《きたちょうせん》と同じような考え方の政治です。

毛沢東は、天下を取り、政権を樹立したあと、「大躍進政策《だいやくしんせいさく》」（農工業の大増産計画）を行いましたが、われわれは、中国について勉強して、「それは失敗だった」と理解しています。

毛沢東は大躍進政策を行ったものの、失敗し、飢《う》え死にする人が続出した。彼は核兵器の開発を優先し、「核兵器が持てるのであれば、人々がいくら飢え死にをしても構わない」というような思想だったが、これは失敗だった。

そして、中国は鄧小平《とうしょうへい》の時代から経済がよくなり、何とか持ち直した。

そのように思っていましたが、それとは違った見方もあるようです。

当会には、中国関係の本で、外部の方に書いてもらったものもありますが（『実《じっ》践《せん》・私の中国分析《ぶんせき》』平松茂雄《ひらまつしげお》著〔幸福の科学出版刊〕参照）、そこでは、「『核開発を優先する』という、毛沢東の戦略は確かなものだった。そのあと、鄧小平のときから経済のほうにシフトして、中国は経済的にも大きくなった。中国は核大国と経済大国になり、いつの間にか、米国のライバルになった。米国がソ連と競争している間《あいだ》に中国がアメリカに追いついてきた。毛沢東の戦略は確かだった」というような考え方が示されています。

鄧小平は、日本に来て新幹線に乗り、あまりにも新幹線が速いので、「後ろから鞭《むち》で追い立てられているようだ」と言って喜んだりしました。そして、日本から数多くの技術を導入し、工場をたくさん誘致《ゆうち》しました。日本のメーカーは何社もが中国に生産拠点《きょてん》をシフトし、工場をつくって現地の雇用を大いに増やし、中国のＧＤＰも増やしました。

その反面、日本では、人件費の安いほうを目指して、どんどん工場が海外に出ていき、製造業の空洞《くうどう》化が起きました。その結果、国としてのＧＤＰは増えなくなりましたし、おそらく税収減も起きたでしょう。

これには、「先の大戦で日本は悪いこともしたから、そのお返しもあって、やらなくてはいけない」と思い、そうした面もあるだろうと思います。

中国での先般《せんぱん》の反日暴動では、パナソニックも、そうとう焼き討《う》ちを受けましたが、それについては、松下幸之助《まつしたこうのすけ》さんも、あの世で苦《にが》い思いをしていると思うのです。「『雇用を増やしてほしい。貧しい中国を助けてほしい』と頼《たの》まれ、工場まで開いて仲良くしてきたのに、こんな目に遭《あ》うとは」と、おそらく言っているでしょう。

今、日本は大きな分岐《ぶんき》点に差し掛《か》かっているような気がします。

「日本の生き筋を、どう見るか」ということが大事なのです。

以上、周恩来の霊言を収録する前に、前提条件として、幾つかの可能性等についてお話ししました。

中国の元首相、周恩来を招霊《しょうれい》する

大川隆法　調整役としての周恩来が、今、何を考えているのか、知りたいと思います（注。『国家社会主義とは何か』〔幸福の科学出版刊〕のなかで、胡錦濤守護霊《しゅごれい》は、中国の霊界に関して、「政治的な面は、毛沢東同志も指導してくれている。あとは周恩来が調停している」と語った）。

「経済が発達した段階で、毛沢東の先軍政治を、もう一回、習近平氏が行うとしたら、どのような問題が起きてきて、どのようになるのか」ということについて、予言的な見方を中心にしながら、周恩来の考えを探《さぐ》ってみたいので、（質問者たちに）上手に質問してくださるよう、お願いします。

（合掌《がっしょう》し、瞑目《めいもく》する）

それでは、中華人民共和国の建国以来、失脚《しっきゃく》することなく、四半世紀にわたりまして、中華人民共和国の首相を務められました周恩来氏を、幸福の科学大悟館《たいごかん》に招来したいと思います。

周恩来元首相の霊よ。

世界の未来を見ていく際に、われらが、判断を誤ったり、対応を間違ったりしないようにするため、中国側の本心をお教えください。

今の中国を天上界《てんじょうかい》から見ておられると思われますが、あなたが指導しようとしておられる方向について、あらかじめ、われわれにご教示くださいますことを、心の底よりお願い申し上げます。

周恩来元首相の霊よ。

幸福の科学大悟館に降臨したまいて、われらを指導したまえ。

周恩来氏の魂《たましい》よ。
どうか、幸福の科学大悟館に降臨したまいて、われらを指導したまえ。
（約二十秒間の沈黙《ちんもく》）

2　周恩来が生前に目指した国家戦略

幸福の科学の存在を知っている周恩来

酒井　周恩来元首相でございましょうか。

周恩来　ああ？　うん。

酒井　ここは、幸福の科学の大悟館《たいごかん》です。「幸福の科学」はご存じでしょうか。

周恩来　うーん、うん。うん！

酒井　ご存じですか。

周恩来　うん。

酒井　今、中国の体制は、習近平《しゅうきんぺい》氏と李克強《りこくきょう》氏に代わりました。

周恩来　うーん。

酒井　以前、李克強氏の守護霊霊言《しゅごれいれいげん》（『李克強　次期中国首相　本心インタビュー』

〔幸福実現党刊〕参照）のなかで、彼は、「周恩来氏のような政治家を目指したい」ということを言っていました。

周恩来　うーん、うん。

酒井　そういう意味で、あなたは、中国の未来について、かなりのご見識をお持ちなのではないかと、われわれは見ております。

そこで、今日は、中国の未来、そして、日本との関係やアメリカとの関係などについて、お伺《うかが》いしたいと思うのですが、よろしいでしょうか。

周恩来　はい。大事なことでしょうねえ。まあ、それは大事なことでしょう。

習近平《しゅうきんぺい》は「中国が世界最強になる時期」に満を持して出てきた？

酒井　まず、このたび中国のトップになった習近平《しゅうきんぺい》という方について、どのようにご覧になっているか、ご見解をお聞かせ願えますでしょうか。

周恩来　うーん……。したたかですね。

酒井　ああ。

周恩来　したたかだと思います。したたかで、強いですね。

酒井　はい。

周恩来　まあ、中国が世界最強になろうとしているときに出てきたというのは、これもまた、必然的な出方かなと思っていますよ（注。習近平氏の過去世《かこぜ》は「チンギス・ハン」であることが判明している。『世界皇帝《こうてい》をめざす男』『中国と習近平に未来はあるか』〔共に幸福実現党刊〕参照）。

酒井　そうですか。

周恩来　うん、うん、うん、うん。

酒井　周恩来さんは、それを「よいこと」として捉《とら》えておられるのでしょうか。

周恩来　うーん……、まあ、大きな国ですからね。十三億人以上いる大きな国ですから、まとめるのは大変でしょう。

李克強のような秀才《しゅうさい》だけでは、ちょっとまとめ切れない面があるから、ある程度の強引《ごういん》さというか、みんなをグイグイと引っ張っていって、戦略目標を明確にする人が要《い》るだろうと思うんですよ。そうしないと、国がまとまらないでしょうねえ。小さなことや、小さな利益等で妥協《だきょう》したり、方向をあまりいじるような人は、よくないだろうと思うんです。下の立場に器用な人がいてもいいと思うんですがね。そういう意味では、満を持して出てきた方のような感じがしますがねえ。

中国が核《かく》武装をしたのは、「ソ連の餌食《えじき》」にされないため

酒井　今の中国を見ると、やはり、周恩来さん、あるいは毛沢東《もうたくとう》のころからの路線が生きているのではないかと思います。

当時、周恩来さんが考えていた「未来の中国」は、どのようなものだったのでしょうか。

周恩来　いやあ、ここまで発展するとは思わなかったかなあ。やっぱり、私たちのイメージは、もうちょっと貧しかったですからねえ。

「もし米ソ戦が起きたとしたらどうするか」ということを考えておったので、われらのときは、やはり、「中国が、独自に、自分の国を守れるようにしなければいけない」という考えが強かったですねえ。

米ソ戦は、それなりに怖《こわ》いものですが、それが起きなければ起きないなりに、今度は、ソ連対中国の中ソ戦もありえましたからね。あそこも原子力兵器をそうとう持っていましたので、核《かく》武装をしなかったら中国が危なかった。

要するに、ソ連のほうに国を取られてしまう可能性もあったので、「国民が飢《う》え死にしてでも核兵器を」というスローガンが出た背景には、そういう面もあったかとは思うんですね。

まあ、そのころから見れば、全体にすごい経済的発展をいたしましたし、西洋もうらやむような香港《ホンコン》の繁栄《はんえい》も手に入りましたよね。

だから、われわれが考えていたなかでは、ベストに近い成功を収めたのではないでしょうかねえ。

酒井　なるほど。中国が核を保有したのは、当初は、ソ連への対抗《たいこう》のためであったわけですね。

周恩来　ソ連には、すぐにでも攻《せ》めてくる感じがありましたね。アメリカと戦える戦力がありましたからね。

最初は、どちらかと言えば、ソ連のほうが優勢でしたね。原爆《げんばく》・水爆実験もやりましたし、それから、宇宙飛行士を人工衛星で最初に打ち上げて、アメリカがあとを追いかけるかたちになりました。

それで、ケネディさんが、「アメリカは人類を月に送る」とか言ったわけですよね。アメリカが後《おく》れを取ったので、「共産主義というのは、力強くて、すごく怖いものだ」という意識はあったと思うのです。
あのときは、「一九八〇年ぐらいまでに、アメリカは負けてしまっているのではないか」という感じはあったと思うんですよね。
だから、その一九八〇年ごろに、「次は、中国がソ連の餌食《えじき》にされないようにしなければいけない」という考え方があって、それで、アメリカとの国交正常化をし、日本とも国交回復をしたのです。その裏には、実は、「対ソ連」の考えも一部にはあったわけです。

酒井　当時、毛沢東主席の時代の中国には、「対アメリカ」という戦略はあったのでしょうか。

周恩来　まあ、当時はねえ、戦争では五大国が勝ち残ったことにはなったけども、中国自体は、かなり悲惨《ひさん》な状態でありましたのでね。そこから立ち上がってこなければいけないが、「人口だけが多い、農業中心の貧しい国だ」と思われていたし、「欧米《おうべい》の国とはちょっと違《ちが》う」という考えは、かなりあったでしょうなあ。

だから、欧米の先進国も、同情の目を持って中国を見ていたのではないかと思うんですね。「中国がライバルになる」とは思っていなかったし、日本の戦後の快進《かいしん》撃《げき》を見ても、とても追いつけるようには思えなかったですよねえ。

酒井　なるほど。では、核兵器を持った当初の段階では、「対米」という意図まではなかったわけですか。

周恩来　まあ、そこまで行くとは思わなかったですねえ。

軍拡路線の裏には、「中国百年の屈辱《くつじょく》の歴史」がある

酒井　そうしますと、現在、中国は、日本と尖閣《せんかく》諸島をめぐる問題を起こしていますし、南シナ海へ進出したり、東シナ海へ進出したりしています。今の中国のこうした動きは、何を目的にしていると考えられますか。

周恩来　いや、中国も、〝自由〟を求めているわけよ。軍事力もついてきたし、経済力もついてきたから、「いろんな国に気兼《きが》ねしないで、世界を自由に動けるようにしたい」という気持ちは持っているわけでしてね。まあ、モデルは、意外に、大英帝国のような気がしますねえ。

だから、「七つの海を支配したい」というような気持ちを持っているんじゃないですかねえ。

酒井　なるほど。
天上界《てんじょうかい》の周恩来さんは、今、中国に対して指導なされているのでしょうか。

周恩来　うーん、まあ、君らは誤解するかもしらんけども、中国は、一八〇〇年代のアヘン戦争のころから、ヨーロッパ列強に侵《おか》されまくった国で、清朝《しんちょう》を倒《たお》されたあと、日本にもかなりやられている。ずーっと、やられっ放しの歴史なんですよ。

そのあと、蔣介石《しょうかいせき》軍との「国を分ける戦い」まで起きてしまい、台湾《たいわん》まで追い込《こ》んだけれども、結局、攻め取ることもできないで、分かれたままになっている。その間に、「共産主義圏《けん》」対「自由主義圏」になるとは、予想していなかったですけどね。

まあ、アメリカも不思議な国で、ソ連や中国とも、協調しつつ、ライバルであるようなところがあったからねえ。

思想的に言えば、本当は（アメリカは第二次大戦で）日本と組んだほうがよかったんだろうけども、日本が急速に強くなってきたのが目障《めざわ》りだったんだろうと思いますね。

ともかく、軍事拡張路線が流行《はや》るのは、おそらく、「日本に一矢報《いっしむく》いたい」ということでしょう。中国の歴史は、中国人が書けば、やっぱり屈辱《くつじょく》の歴史なんですよ。少なくとも、清朝の末期からあとは屈辱の歴史なので、「それを何とか栄光の歴史に変えたい」っていう気持ちはある。一八四〇年ぐらいから一九四五年の日本軍の敗戦まで、百年以上、ずーっとやられっ放しですよね。

酒井　はい。

周恩来　だから、「何とか国力を回復して、昔にあったような大帝国、世界帝国をつくりたい」っていう気持ちは持っているでしょうね。

それと、現実の問題として、「生活が成り立つような方向で発展するかどうか」という問題も、一つ、ありますけどね。

ただ、「中国百年の屈辱」というのが、やはり、裏にはあるよな。うーん。

「敗戦国なのに経済発展をした日本」に対する悔《くや》しさ

石川　一九七二年に日本と中国は国交を回復し、その少し前には、ニクソン大統領と毛沢東が国交正常化に向けて会談をしましたが、これは、「ソ連への恐《おそ》れがあったので、中国はアメリカや日本と手を結んだ」とのことでした。

そのときは、ソ連が、ある意味で仮想敵だったのかもしれませんが、そのあと、一九八二年に中曽根《なかそね》内閣が誕生したあたりから、鄧小平《とうしょうへい》氏は、日本を警戒《けいかい》し始め、例えば、南京大虐殺《ナンキンだいぎゃくさつ》の資料館を中国全土につくらせたりするなど、反日的な方向に進みました。

そういうことで、「中国の仮想敵が、ソ連から日米へ、どこかで転換《てんかん》したポイントがあったのではないか」と推測するのですが、そのあたりはいかがでしょうか。

周恩来　うーん。つまり、日本と貿易を開始して、人の交流が起きてですなあ、事実上、日本の株式会社が中国に入ってきて、日本の企業《きぎょう》に雇《やと》ってもらうというかたちになり、技術指導を受ける立場になったわけですよ。われわれは、戦勝国のほうに入っているはずなのに、敗戦国に技術指導を受けるような状態が続いたので、国民としては、ちょっと悔《くや》しい面はあったかなと思いますね。

「こんなはずではない。われわれは勝ったのだろう? なぜ、勝ったわれわれが、負けた日本人に雇ってもらい、技術指導をしていただかなくてはならないのか」というわけだ。日本は、悪いことをして負けたことになっているし、「日本ファシズム史観」は、別に中国だけが言っているのではなく、アメリカ公認の史観でもあるわけであって、「そんな悪い国だったのに、なぜ、こんなことになったのか」という気持ちがあった。

結局、日本は、戦後、アメリカとうまくやったから、発展したんだろう。結論的には、そうだわな。

そういうことで、中国も、「アメリカとうまくやることで、アメリカの巨大《きょだい》な資本が流入して、中国を豊かにしてくれる」ということになったんだけども、アメリカについては、先の大戦で助けてくれたほうであるので、憎《にく》しみがそれほどあったわけではない。しかし、日本に関しては、先の大戦で日本から受けた被害《ひがい》がそうとうあったにもかかわらず、その後、ケロッと発展していったところに、悔しいものはあったね。それで、日本に対する憎しみのようなものが、先に出てきたというところだね。

日本が経済的に発展したことは、情報鎖国《さこく》をしていれば国民には分からなかったのに、情報が入ってき始めたら、目に見えるようになってきたわけだな。

それに対しては、「ちょっと日本を排撃《はいげき》するような動きをつくらないと、国がもたない」というような状態にあったということかな。

中国が本当に強くなれば、「反日的なこと」は言わなくなる

石川　中国には、周恩来元首相のような、ある意味で親日家のような方もいらっし

やったと思うのですが……。

周恩来　私は、明治大学に留学していたからね。

石川　そうですよね。また、日本の明治維新《いしん》についても、かなり肯定的《こうてき》に評価されていたと思います。

周恩来　うん。まあ、モデルだったと思うよ。孫文《そんぶん》の辛亥《しんがい》革命のモデルは明治維新だったからね。アジアで植民地にならなかった先進国としての日本に学ぶことはあったと思うよ。うん。

石川　いちおう確認させていただきます。中国は、南京大虐殺とか、さまざまな宣伝をしているわけですが、これは、やはり、「中国の指導部による捏造《ねつぞう》であった」

と考えてよろしいのでしょうか。

周恩来　いや、「本当に中国のほうが強い」という自覚を持ったら、もう、あまり言わなくなると思うよ。

つまり、「経済的にも軍事的にも、本当に強い」というか、「日本なんか、もう、一撃で倒せる。虎《とら》と猫《ねこ》ぐらいの違いがある」と、本当に思ったら、もう言わないと思うよ。

だけど、「常に〝ジャブ〟を与《あた》えておかないと、日本は、いつ牙《きば》を剝《む》くか分からない」という怖さを、まだ中国人は持っているのよね。だから、「そういう歴史問題を引っ掛《か》けて、重しをかけておかないと、もう一回、日本にファシズム運動みたいなものが起きてくるかもしれない。そうなってはいけない」と考えているんだろうな。

中国が本当に強くなったら言わなくなるよ。

石川　では、尖閣諸島などの領有権を主張しているのも……。

周恩来　ま、それを言っているうちは、「日本より強い」と、まだ本気で思っていない証拠《しょうこ》です。

海外に留学し、「世界の動き」を知っていた周恩来

酒井　話の前提として、「周恩来さんの立場」についてお伺いしたいのですが、あなたは、非常に冷静な目を持たれていて、日本や中国、アメリカ、ソ連などを、非常に公平にご覧になっているように思います。

周恩来　うん、うん。

酒井　今まで、中国のほかの指導者の霊や、その守護霊をお呼びしたときには、そういう感じは受けませんでした。周恩来さんは、例えば、毛沢東などと同じような立場にいらっしゃるのでしょうか。それとも、何か、別の視点からご覧になっているのでしょうか。

周恩来　うーん。うーん。

まあ、難しい質問だね。一緒《いっしょ》にやっていたから、共同責任からは逃《のが》れられないけど、「役割の違いはあった」ということかねえ。

私は、主として、内政と外交の両方をやったから、普通《ふつう》の首相と一緒と言えば一緒なんですけどね。毛沢東のほうは、革命の英雄《えいゆう》であり、この国のシンボルであり、軍事指導者であり、まあ、一種の大統領だったんだろうけど、現実の政治のほうは、私が処理をしておったのでね。

私は、日本にも留学したし、フランスにも留学しているので、世界の動きを知らないわけではなかったけども、毛沢東は、全然、外国を知らない人だからね。彼は、国粋《こくすい》主義者だよ。

私のほうは、外国を知っておったし、次の鄧小平も、結局、フランス留学をしていたので、西側の発展についてはよく理解しておった。まあ、そういうところはあるわなあ。

だから、「公平に見る」と言っても、「国際情勢の分析《ぶんせき》ができているかどうか」ということだろうね。

確かに、日中国交回復や、中米の国交正常化等を電撃的にやってのけたときは、たまたま、ニクソンや田中角栄《たなかかくえい》などの、力のある政治家がいたからね。今みたいな政局なら、できたかどうか分からないとは思うけどね。

酒井　なるほど。

3 周恩来が考える「未来のシナリオ」

習近平《しゅうきんぺい》は「強いリーダー」を演じ、世界国家を目指すだろう

酒井　先ほど、大川総裁のほうから、「中国の未来として、複数のシナリオが考えられる」というお話があったのですが、周恩来さんの考える「未来のシナリオ」を教えていただけないでしょうか。

周恩来　おそらく、習近平《しゅうきんぺい》次期主席は、やはり、「強いリーダー」を演じるだろうとは思いますねえ。そうでなければ、もたないはずです。

だから、「李克強《りこくきょう》に私の役割ができるかどうか」というところがポイントだろうと思いますね。彼が、現実的な処理をキチッとし、バランスを取って（国の）舵取《かじと》

りができるかどうか。ここのところにかかっていると思いますけどね。

いずれにせよ、私たちのころより大国になっていますので、それなりの難しさはあると思います。ただ、彼は頭がいいので、ある程度は見えるんじゃないかなと思うし、まあ、習近平だって、わずかとはいえ、農業かなんかの研修でアメリカに行ったことはあるので、まったくアメリカを知らないわけではないでしょう。

まあ、「農村を見ただけでは駄目《だめ》だ」と言えば、それまでではありますけどもね（笑）。農業技術の勉強だけに行ったのでは、大したことはございませんけれども、まったくの野蛮人《やばんじん》ではなく、アメリカの強さはよく知っていると思います。

ただ、「習近平の十年間で、確かに、世界国家を目指すように見える動きはとるだろう」と推定はしますね。

それは、中国人にとって、やはり、水面下での憧《あこが》れではあるんですよね。この百年間に鬱積《うっせき》したものを吐《は》き出したいわけです。孫文《そんぶん》などがやった辛亥《しんがい》革命にも、「日本の明治維新《いしん》に続いて、中国でも革命を起こし、近現代をつくり上げなければいけない」という考えはあったけども、そのあと、必ずしも、スッとうまくいったわけではなく、だいぶ、もたつきましたのでね。

「あと四年でアメリカの軍事力に追いつくこと」が至上命題

酒井　そうしますと、習近平氏が、この十年間で、「毛沢東《もうたくとう》の時代に戻《もど》れ」というスローガンを掲《かか》げて、先軍《せんぐん》政治を行い、このまま軍事増強をしていくと、アメリカとの覇権《はけん》競争になる可能性が極《きわ》めて高いですよね。

周恩来　うーん。そうでしょうね。

酒井　これに関して、中国が抱《かか》えている問題点は……。

周恩来　まあ、「経済の発展速度」と「軍事的な発展速度」のバランスが取れていないと危ないんですよ。

酒井　はい。

周恩来　つまり、経済的にのみアメリカを追い越《こ》してしまって、軍事的に幼稚《ようち》な状《じょう》況《きょう》だったら、簡単に反撃《はんげき》されてやられてしまう可能性は高いでしょうね。

アメリカは、弱い者に対しては、すごく同情的でフェアなんですけども、強い者に対しては、そうではなくて、強く出てくるんですよ。相手が強いと見たら、ハンディをどんどん削《けず》ってきますのでね。

酒井　うーん。

周恩来　だから、（アメリカは中国に対して）強く出てくると思いますねえ。

オバマさんの場合はどうか、ちょっと分かりませんが、まあ、オバマさんは少しなめられているとは思いますけどね。

オバマさんが二期目の大統領になって、また、北朝鮮《きたちょうせん》が「ミサイル実験をする」と言い出したりしているのは、まあ、なめている証拠《しょうこ》でしょうな。

酒井　はい。

周恩来　あれが、もし、ロムニーのほうの共和党政権だったら、できない。もし、やったら、すぐに撃《う》ち込《こ》まれる可能性が高いですね。アメリカの国威発揚《こくいはつよう》として、まずは、北朝鮮のミサイル基地を叩《たた》くでしょうねえ、ロムニーならね。

しかし、オバマさんは、それをしないので、北朝鮮はミサイルを撃てる。おそらく、パトリオットミサイルで撃ち落とす「構え」をするのみでしょうからね。

まあ、北朝鮮と中国とは、今、組んでいますからね。現実には、「中朝安保《ちゅうちょうあんぽ》」のようなものが存在しておりますので、六カ国協議などと言っても、そんなものは意味を持たない状況ではありますわね。

だから、習近平は急ぐと思いますね。「オバマさんの四年の間に、軍事的に差がついているところを追いつく」というのが至上命題だから、先軍政治になるだろうと思う。

酒井　なるほど。

4 「中国経済」に対する見通し

「中国の軍事的脅威《きょうい》」を感じていないヨーロッパ諸国

石川　先日（二〇一二年十一月二十八日）の大川総裁の御法話《ごほうわ》（『サバイバルする

社員の条件』〔幸福の科学出版刊〕参照）で、「EUもアメリカも、経済が恐慌《きょうこう》状態に陥《おちい》っていく可能性が高い」というお教えも頂いているのですが、そうなった場合、やはり、中国経済も、かなりの打撃《だげき》を受けるだろうと思います。

世界が経済的に恐慌状態になったときに、大きな軍事力を持っている国というのは、ある意味で非常に危険だと思うのですが、今後の世界経済の見通しと、中国の軍事的な考えについて、教えていただければと思います。習近平《しゅうきんぺい》氏には、若干《じゃっかん》、第二次大戦前のヒトラーに近いところがあるようにも見えますが……。

周恩来　私はね、EUの設立目的自体は、「対日本」だったと思うんですよ。基本的には、日本に対抗《たいこう》するために、追い抜《ぬ》かれてしまったヨーロッパの先進国が集まって、「対日本包囲網《ほういもう》」というか、ブロックをつくった。

そうして、アメリカ以外に、もう一つの極をつくろうとしたのがEUだと思うんですよね。

ところが、中国は、そのブロック網の相手ではなかったんですが、ここまで急に大きくなってきたので、若干、戸惑《とまど》いはあるかもしれません。ヨーロッパのほうでは、「中国はどうするか」という読みが、ほとんど立っていない状況《じょうきょう》でしょう。

地政学的にも、中国は遠いので、よく分からない面もあるのですが、ヨーロッパからは、中国がよく見えていない感じがしますね。

つまり、「中国がお金を出して、経済的にEUを助けてくれるなら、ありがたいかなあ」というぐらいの感じしか持っていないのではないかと思います。

ヨーロッパのほうは、基本的に、中国の軍事的なものに対する脅威《きょうい》を何も感じていないと思いますね。国境も接していませんし、「中国が大陸間弾道弾《だんどうだん》でヨーロッパを攻撃《こうげき》しなければいけない理由もなかろう」と思っていますね。

ヨーロッパの国々は、中国近海まで軍艦《ぐんかん》を派遣《はけん》したり、潜水艦《せんすいかん》を派遣したりして、中国を狙《ねら》ってはいません。たぶん、それは考えていないと思うので、「何か、中国から経済的メリットを引き出せるなら、ありがたいなあ」というあたりでしょうか。

ここは一つのブラックボックスですねえ。

「中国が内部崩壊《ほうかい》する」というのは希望にすぎない?

酒井　EUの問題もありますが、中国自体の経済も、今、非常に危ないギリギリのところに来ているのではないかと思うんですね。最近も、ある霊人《れいじん》から、「二〇一五年には、中国は内部崩壊《ほうかい》をする」という見通しが出されています(『小室直樹《こむろなおき》の大予言』〔幸福の科学出版刊〕参照)。

周恩来　うーん。まあ、それは、「希望」でしょうね。

酒井　希望ですか。

周恩来　うん。希望でしょう。

酒井　経済的な格差が広がったりして、国が崩壊することは……。

周恩来　希望だと思いますねえ。

酒井　それは、ありえないですか。

周恩来　うーん。まあ、「七千万、八千万人の共産党員が国を治めている」という、この一党独裁型の共産党の大きさと、「二百三十万人に上《のぼ》る軍隊がいる」という、強大な軍事力から見れば、暴動や、ある一カ所で起きたような革命には、これを倒《たお》せるほどの力はないと思いますねえ。

酒井　ただ、そのためには、各軍区の軍隊を束ねるだけの求心力が必要ですよね。

周恩来　うーん。

酒井　習近平氏に、それだけの力はあるのでしょうか。

周恩来　だから、仮想敵国を外国につくろうとするでしょうね。外国と戦っている以上、国内はまとまりますから、外国の仮想敵国は欲《ほ》しいでしょうなあ。

酒井　そうしますと、経済が悪くなればなるほど、外に出ていくという……。

周恩来　うーん。まあ、「悪くなる」と言ったって、よそに比べれば、はるかにいいわけでして、「中国の今までの二十年の路線から比べると、ちょっと鈍化《どんか》してきている」というだけですからね。

「十パーセント成長は望めず、七、八パーセントぐらいになってきた」という意味で、「悪くなった」と言っているだけで、マイナス成長になったりしているわけではない。

「豊かな層を広げ、中流層を厚くしたい」という思惑《おもわく》

酒井　今後も経済成長は続くとお考えですか。

周恩来　今はまだ、その恩恵《おんけい》に与《あずか》っている人は、一割ぐらいかもしれないので、中国も、今、アメリカと一緒《いっしょ》だけども、「中間層、中流層をもうちょっと厚くしたい」と思っている。その層を厚くすることは可能だろうと思う。

酒井　それは本当に可能なのでしょうか。

周恩来　うん、うん。

酒井　ただ、トップのほう、例えば、温家宝《おんかほう》氏などは、巨額《きょがく》の資産を自分で確保していますし、習近平氏も、カナダやオーストラリアなどに、お金を逃《に》がしているはずですよね。

周恩来　うーん。だから、まあ、一割ぐらいが金持ちなんでしょうけどね。「共産党員」プラス「共産党を支持している会社経営者」などを入れると、一億数千万人ぐらいだから、ちょうど、人口の十分の一ぐらいが、かなりリッチになっていて、アメリカみたいな気分になっている。

あとの人たちは、ものすごくひどい状態で、（豊かな層に）追いつこうとしている人たちも一部にはいるけど、大部分は、発展している地域に出稼《でかせ》ぎにでも行かなければ収入が得られないような状態になっていますわねえ。

酒井　こういう格差の存在、要するに、「上だけが得をしている」という情報が伝わることによって、ソ連が崩壊したときのような、内部的な混乱は起きないのでしょうか。

周恩来　いやあ、それはもう、十分に勉強済みだ。「ソ連がなぜ崩壊したか」ということは、鄧小平《とうしょうへい》が十分に研究したのでね。（ソ連は）本当に〝上澄《うわず》み〟（特権階級）の部分だけが権力と権益を持っていたけども、（中国は豊かな層を）いちおう広げようとはしているわけよ。

つまり、軍と結びついた共産党幹部だけが儲《もう》けるのでなくて、新興財閥《ざいばつ》等がお金を持ち始めているし、それから、それに関係のない人たちのなかにも、だんだん豊かになってきている層が広がってきてはいるので、それを、もうちょっと内陸部まで広げなければいけないわけだね。

酒井　ただ、中国だけで発展できればよいのですが、日本やアメリカにとって中国はリスクがあるため、進出していた製造業などが退《しりぞ》いていき、国内回帰《かいき》の動きが起きてくると思うのです。

周恩来　昔より賃金が上がっているからねえ。

酒井　はい。さらに、賃金の安いアジアの他の国に移っていくということになれば、今のような中国の経済成長は、だんだんなくなっていくと予想せざるをえません。

周恩来　だけど、今の成長からいくと、アメリカに追いつくところまでは、やっぱり行くと思いますね。

5 「台湾《たいわん》・沖縄《おきなわ》占領《せんりょう》」のタイムリミット

中国が空母を保有する目的は「太平洋への進出」

酒井　話を軍事に戻《もど》します。中国の軍事費がこのまま拡大していくとして、目下《もっか》のいちばんの目標は空母建造だと思いますが、中国は、何年ぐらいに自国の空母を持てるようになると考えていますか。

周恩来　もう、すでに持っているでしょう。

酒井　いや、あの空母はウクライナから購入《こうにゅう》したもので、実際に使えるかどうかは分かりません。

周恩来　そうは言っても、日本の近海で、あれに動かれると嫌《いや》でしょう？

酒井　あれが、本当に戦闘機《せんとうき》を乗せて、「海の基地」になれるかどうかは分かりませんよ。ただ、今、ほかの空母も開発に入っていますよね。

周恩来　うーん。でも、今、尖閣《せんかく》諸島には、日本の海上保安庁が巡視船《じゅんしせん》を出していますけど、巡視船が来て放水したときに、あの空母が出てきたりしたら、そうは言っても、巡視船は逃《に》げて帰ると思いますね。

酒井　その程度の争いであれば、まだよいのですが、中国は、もっと大きな考えを持っているはずですよね。

周恩来　もちろん、フィリピンの岩礁《がんしょう》の領有権争いとか、ベトナム沖《おき》の島の争いとか、そういうアジア圏《けん》の海底資源をめぐる争いがありますので、やっぱり、これを押《お》さえるのが主目的ですよね。

酒井　「太平洋に進出する」という大きな目的もありますよね。

周恩来　それは、ありますよ。大きい目的ですよ。

「日本の核《かく》保有」は攻撃《こうげき》の口実にもなる？

酒井　そのために、日本には、どうあってほしいですか。

周恩来　いや、「中国に経済的利益を落としてもらいたい」という気持ちは、まだ持っていますよ。

だから、中国が自分たちだけでできないこと、つまり、中国の奥地《おくち》へ入って工場をつくり、人を雇《やと》ってくれて、いろいろな生産品をつくり、輸出を手伝ってくれるのはありがたいので、「それをやってくれるといいな」とは思っておりますけどね。

まあ、「政治のほうはどうか」ということですが、うーん……、今の日本のマスコミと、左翼《さよく》勢力の動きから見るかぎりは、われわれ中国からすると完全にピントが外れていて、日本という国は、ほとんど指導者がいない状態ですね。

酒井　幸福実現党という政党はご存じですか。

周恩来　いやあ、知っていますよ。それは有名ですから。

酒井　霊界《れいかい》でも有名ですか。あるいは、現実に、中国で有名なのでしょうか。

周恩来　有名っていうか、まあ、蚤《のみ》みたいに跳《は》ねている政党ですよ。

酒井　幸福実現党は、「核《かく》兵器を持つ」「経済成長をする」「原発を推進する」と訴《うった》えていますが。

周恩来　〝京《きょう》の五条の橋の上〟を、ピョンピョン跳《と》んでいるらしいじゃないですか

（注。立木秀学《ついきしゅうがく》・幸福実現党党首の過去世《かこぜ》は、源義経《みなもとのよしつね》であることが判明している。『公開霊言《れいげん》　天才軍略家・源義経なら現代日本の政治をどう見るか』〔幸福実現党刊〕参照）。

酒井　「日本が核を持つ」ということは、中国にとって、どの程度のインパクトがありますか。

周恩来　うーん、いや、持ってもおかしくないと思いますよ。

酒井　持ったほうがいいですか。

周恩来　持ってもいいですよ。ただ、その代わり、（日本を）攻撃《こうげき》する口実にできますからね。日本が核を持っていなければ、日本を攻撃したら国際的非難を受けるけども、日本が核兵器を持ったら、日本を攻撃しても、文句を言えない。そうなりますね。

尖閣《せんかく》諸島を取ったならば、「海軍の基地にする」

酒井　ただ、今の中国の通常兵器では、日本には勝てないですよね。

周恩来　いや、分からないですよ。

酒井　いや、勝てないんですよ。

周恩来　数が違《ちが》うから、やっぱり、それは分からない。

酒井　兵器の性能が違います。

周恩来　やってみないと分からないですよ。

酒井　そもそも、あんな空母しかないんですよ。つまり、飛行機は中国大陸からしか飛んでこられないんですから、制空権を確保するためには、どこかに基地をつくらなければいけないはずです。

周恩来　だから、占領《せんりょう》すればいいわけでしょう?
尖閣《せんかく》を取ったら、まずは、滑走路《かっそうろ》をつくるはずです。山を崩《くず》して、まず滑走路をつくるでしょうから、あそこからだって飛行機は出てこられます。

酒井　中国が海上につくっている油田基地というのは、軍事用の基地でもあるのですか。

周恩来　まあ、軍事用にも使えますけど、別に、尖閣を海軍の基地にしてしまえば、そこで給油することだってできますしね。

習近平《しゅうきんぺい》が優秀《ゆうしゅう》なら、二〇一六年までに台湾《たいわん》を取れるはず?

酒井　しかし、基地としては、やはり、沖縄《おきなわ》を取りたいのではないでしょうか。

周恩来　うーん、まあ……。いや、でも、利益としては、台湾《たいわん》のほうが先は先なんですけどね。

酒井　うーん。

周恩来　「二〇二〇年までには台湾《たいわん》を取りたい」っていうのは、基本的な……。

酒井　習近平《しゅうきんぺい》氏は二〇二〇年までに台湾を取れると思いますか。

周恩来　まあ、アメリカや日本との相関関係があるから、分からないですけどね。でも、基本的には取りたいでしょうね。

中国は、少なくとも二〇二〇年には、経済力では米国に並んでいるのは間違いないので、台湾ごときが対抗《たいこう》できるような相手ではありません。だから、軍事的な問題ですよね。

台湾自体は、おそらく五十万人ぐらいの軍事力を持っていますので、日本の自衛隊の倍ぐらいの人数がいて、もう、ハリネズミのようになって島（台湾）を守っています。

ただ、われわれが核ミサイルなどでガンガン攻撃してしまったら、あとで取るものが何もなくなってしまいますから（笑）、そういうわけにはいきません。できれば、無血開城をさせなければいけないわけです。

やはり、われわれも、秀吉《ひでよし》に倣《なら》って、「圧倒《あっとう》的兵力で囲んでしまって、白旗を揚《あ》げさせる」というスタイルにはしたいんですよ。

酒井　なるほど。

周恩来　だから、太平洋艦隊《かんたい》をつくって、台湾を封鎖《ふうさ》するぐらいのことはやってしまいたい。そうしたら、戦わずして取れる。

酒井　台湾を二〇二〇年に取ったとして、そのあとの戦略はあるのですか。

周恩来　いや、それは、「二〇二〇年に」ではなくて、「二〇二〇年までに」です。

酒井　では、二〇二〇年までに台湾を取ったあと、次に、何か考えはあるのでしょうか。

周恩来　うーん、まあ、優秀《ゆうしゅう》であれば、台湾は二〇一六年までには取れるはずです。二〇二〇年までかかったら遅《おそ》すぎますね。

酒井　何が優秀であれば？

周恩来　習近平が優秀であれば。

酒井　その優秀さというのは、経済力や軍事力の伸《の》びですか。

周恩来　いや、戦略性と恫喝《どうかつ》力があれば……。

酒井　恫喝力もですか（笑）。

「第七艦隊《かんたい》に打撃《だげき》を与《あた》え、ハワイまで退《ひ》かせる」のが前哨戦《ぜんしょうせん》

酒井　台湾を取ったあとの、その先の目標も、当然、お持ちだと思うのですが。

周恩来　まあ、台湾を取った段階で、アメリカとの前哨戦《ぜんしょうせん》が起きるはずです。

酒井　それを、すでに目指しているわけですね。

周恩来　ええ。たぶん、アメリカとの前哨戦は起きるはずですが、それは、アメリカ本土との戦いではありません。

アメリカは、「利あらず」と思えば、いつでも退《ひ》きます。今までの戦いを見るかぎり、「いろんな国に攻《せ》め込《こ》んでいっても、『利あらず』と思えば、何年かで退く」というのがアメリカの流儀《りゅうぎ》ですのでね。いちおう義理では出てくると思うんですけども、そのとき、アメリカに決定的な打撃《だげき》を与《あた》えることができれば、アメリカをハワイまで退かせることは、可能性としてあると思います。

酒井　どのような打撃を与えようと考えていますか。

周恩来　第七艦隊《かんたい》に打撃を与えるわけですよ。それは、当然、考えています。

酒井「今、そういう対艦兵器を開発している」と言われていますね。

周恩来　当然ですよ。中国のミサイルは、ものすごい数ですけど、おそらく数えていないでしょうから、アメリカが台湾あたりを守りにきた場合に、ミサイル攻撃をかけるのは訳のないことです。

酒井　その対艦ミサイルは、精度が上がってきているのでしょうか。

周恩来　そうとう持っています。うん、うん。

中国の潜水艦《せんすいかん》にも艦船にも搭載《とうさい》していますし、中国南岸の沿海部分の陸地にも備え付けてありますので、実は、もう台湾あたりを蜂《はち》の巣にできるぐらいまで、出来上がっているのです。

もし、第七艦隊が来たならば、蜂の巣状態にします。

「台湾《たいわん》を基地にして、沖縄《おきなわ》を取る」のが次の狙《ねら》い

酒井　ただ、台湾《たいわん》を取っても、そこから先へ行くには、やはり空母が必要ですよね。

周恩来　そんなことはありませんよ。台湾を取って、次に沖縄《おきなわ》を取りに行ったらいいじゃないですか。

酒井　沖縄を取るのですか。

周恩来　ええ。台湾を基地にして、次は、沖縄を取ります。

酒井　そして、沖縄を基地にするのですか。

周恩来　(沖縄は台湾から)近いですからね。

酒井　アメリカは、まだ、グアムにもオーストラリアにも駐留《ちゅうりゅう》していますよね。

周恩来　せっかく、沖縄の人たちが、あれだけ反対運動をやってくれているんだから、これを使わない手はないでしょう。「ノー・モア・アメリカ」で、「もうアメリカは要《い》らない」と言っているんでしょう?　だから、日本人がアメリカを追い出してくれるでしょう。

意外に、沖縄の人たちは、中国国旗を振《ふ》って迎《むか》えてくれるんじゃないですか、守《しゅ》礼門《れいもん》で。

胡錦濤《こきんとう》を追い出したことで、二年は早まった中国の計画

酒井　当然、中国の執行部《しっこうぶ》の人たちは、みな、その計画を共有しているわけですよね。

周恩来　同じです。それは、まったく一緒《いっしょ》です。

酒井　「何年までに、何をやる」というところまで、具体的に決まっているわけですか。

周恩来　もちろん、決まっていますが、それは国家主席の一存で変わるでしょうけどね。

酒井　時期を早めることができるわけですね。

周恩来　胡錦濤《こきんとう》をあっという間に追い出してしまいましたので、少なくとも、二年は早まりましたわね。

酒井　二年、早まったんですね。

6　着々と進む「対アメリカ」軍事戦略

「ハワイも領有し、アメリカを国内に閉じ込《こ》める」という方針

石川　先般《せんぱん》の東アジアサミット（十一月二十日に開催《かいさい》）か、その前後あたりの時期に、ヒラリー・クリントンが中国の高官と協議をした際、中国側から、「ハワイの

領有権を主張することもできる」というコメントがあったことを、ヒラリーは明らかにしています。

そういうこともあって、今、アメリカでは、国防権限法という法案に、「尖閣《せんかく》諸島は日米安保《あんぽ》の対象内である」ということが明記されました。

中国のこうした発言は、アメリカに対する挑発《ちょうはつ》なのでしょうか。あるいは、牽制《けんせい》して、相手の出方を窺《うかが》っているのでしょうか。

周恩来　うーん、いや、あなたがた日本人とは違《ちが》うのよ。

アメリカは、「植民地主義はいかん」とか、「帝国《ていこく》主義はいかん」とか、「他国の領土を取るのはよくない」とか言うけども、「じゃあ、アメリカは、なぜ、ハワイを自国の州に組み入れているんですか。こんな所がアメリカの固有の領土でしたか。また、サイパンが、なぜアメリカ領なんですか」ということですよ。

この二つを言っただけでも、おかしいし、「そもそも、アメリカ合衆国自体が、インディアンの国を取り上げたものじゃないですか。あなたがたは侵略《しんりゃく》国家じゃないですか」と、当然、こちらとしては言いますわね。

確かに、ハワイやサイパン等については、アメリカに正当な領有権があるとは言えないでしょう。戦って取っただけのことですよね。片方はスペインから、片方は日本から取っただけのことですからね。それと同じで、要するに、「中国が、戦って島なり何なりを取ったら、それは中国のものになる」ということですよ。

酒井　もしかすると、あの発言は単なる脅《おど》しではなく、中国の計画として、すでにハワイの確保も入っているのではないですか。

周恩来　ハワイも、はっきりと入っていますよ。当然じゃないですか。

酒井　ハワイを確保するんですね。

周恩来　うん。アメリカを国内に閉じ込《こ》める方針です。向こうは、「中国の封《ふう》じ込め作戦」でしょうけど、中国には、「アメリカは太平洋に顔を出してくるな」という気持ちがありますよ。

今、研究しているのは、「アメリカに対するサイバー攻撃《こうげき》」

酒井　今、アメリカがいちばん恐《おそ》れているのは、「人工衛星を撃《う》ち落とされてしまうと、すべての軍事兵器が使い物にならなくなる」ということです。

周恩来　いや、それだけじゃないです。やっぱり、サイバー攻撃《こうげき》もあります。

酒井　まあ、サイバー攻撃もありますけど。

周恩来　サイバー攻撃も、そうとう部隊を大きくして、本格的にやっています。「アメリカ中の先端《せんたん》機器が使えない」という状態にすることを、今、研究しているんです。

酒井　それを研究しているんですね。

周恩来　ええ。もう、やっています。

酒井　では、戦いとしては、もう……。

周恩来　向こうは、そういう技術を民間がかなり持っていますが、中国の場合は、もう全部国家が絡《から》んでいて、国家命令で動きますからね。だから、まあ、日本もやられますけども、アメリカも、コンピュータ系を全部潰《つぶ》していけば、基本的に戦えなくなりますね。

酒井　兵器が使えなくなると？

周恩来　ええ、使えなくなるわけですね。

米軍基地の指揮命令系統を破壊《はかい》する計画が進んでいる

酒井　具体的に、そこまで持っていくのは、何年ぐらいと考えていますか。

周恩来　うーん。

酒井　要するに、ハワイから先のアメリカ本土に対して……。

周恩来　いや、もうすでに、対アメリカ戦略は進んでいると思いますよ。

酒井　アメリカ本土を取りに行くのですか。それとも、アメリカと交渉《こうしょう》をして……。

周恩来　いや、本土を取るのは、まだ無理ですけども、アメリカは、対中国防衛に関して、戦闘《せんとう》のシミュレーションをしているはずなので、それができないようにするのが目標です。

酒井　中国の意図としては、「昔、ソ連とアメリカの対立のときにあったような覇《は》権《けん》の構図を、いずれつくり上げる」ということですか。

周恩来　今、向こうの司令塔《しれいとう》は、日本とサイパンにありますよね。あ、いや、グアムですか。失礼しました。

酒井　はい。グアムですね。

周恩来　日本とグアムですよね。つまり、とりあえずは、「日本とグアムにある米軍基地の電子指揮命令系統、指令系統を壊《こわ》すこと」と、「日本の防衛省や自衛隊の指揮命令系統を壊してしまうこと」ぐらいは、もう計画のなかに入っています。

酒井　そういう計画があるんですか。

周恩来　「レベル的には、中国のほうが上かな」と、今、判断しています。

酒井　そうですか。

周恩来　中国は、国内の情報統制ができていますが、アメリカは、まだそれができません。アメリカは、「アメリカ国内の情報を、全部、一瞬《いっしゅん》にして政府が統制する」ということができないでいますからね。

アメリカとの戦いが「サイバー戦争」で終わる可能性も

酒井　そうすると、アメリカと中国の関係について、あなたが考える最もよいシナリオはどういうものでしょうか。中国の立場にしてみれば、具体的な戦争を起こさずにいくのがよいと思うのですが。

周恩来　いや、すでに進んでいますよ。核《かく》戦争まで行く前に、サイバー戦争で終わってしまう可能性があるのでね。

酒井　サイバー戦争で勝とうとしているのですか。

周恩来　中国全土に広がっているパソコンを、全部、サイバー攻撃用と考えれば、その台数から見て、やがて中国のほうが圧倒的《あっとう》に多くなります。これらが、全部、戦争道具に変わるとしたら、日本もアメリカも大パニックになるでしょうね。

二〇五〇年にアメリカは中国の何分の一になっている？

酒井　中国は、アメリカに対して、どういう付き合い方をさせたいのですか。同盟を組むレベルに持っていきたいのか。それとも、属国化するぐらいまで持っていきたいのか。

周恩来　まあ、向こうの出方にもよりますけど、希望としては、今のヨーロッパのようになっていただきたいですね。「貿易の相手方《がた》であるけれど、もはや、国としての競争の相手ではない」という感じでしょうか。

酒井　そのためには、「経済的な戦いだけでなく、まず軍事的な戦いでも勝つ」ということが……。

周恩来　二〇二〇年ぐらいまでには経済的に拮抗《きっこう》しますけど、私らは、今、二〇五〇年ぐらいまでの計画を立てていて、そのころには、アメリカなんか、中国の何分の一かになっているでしょう。

「アジア人奴隷《どれい》」を連れてきて少子化問題を解消するつもりか

石川　ただ、「中国も、これから少子化が始まり、二〇一五年をピークに生産年齢《ねんれい》人口が減っていく」と言われています。確かに、二〇二〇年ぐらいまでは強いかもしれませんが、「二〇五〇年ぐらいには経済が衰退《すいたい》している」という読みもあります。そのあたりは、どのように手を打たれるつもりでしょうか。

周恩来　そのために、今、東南アジアを支配しに入ってるんじゃないの。ええ？　われわれは、アメリカがやったことをまねするつもりでいます。つまり、東南アジアの人たちを使って、中国の下層労働階級をつくり上げますから、大丈夫《だいじょうぶ》です。黒人奴隷《どれい》じゃなくて、アジア人奴隷が中国にたくさんやってきますよ。

アメリカが中国に抵抗《ていこう》できるのは「二〇二〇年」まで？

石川　アメリカがそれを阻止《そし》しようとして、第七艦隊《かんたい》を出してきたら、「ミサイルで空母を沈《しず》めるぞ」と言って、脅《おど》すわけですか。

周恩来　たぶん、ミサイルを使うまでもなく、戦いは終わると思いますね。アメリカが抵抗《ていこう》できるのは、二〇二〇年ぐらいまででしょう。それを越《こ》えたら、アメリカはもはや戦う相手ではなくなり、中国を恐れて、一生懸命《いっしょうけんめい》、自分たちを守ろうとするようになるはずです。

酒井　そうしますと、「日本が『日米同盟堅持《けんじ》』と言っていられるのは、二〇二〇年まで」ということになりますか。

周恩来　そういうことです。だから、今、それを言っている人は、もう古いですね。

要するに、それは、アメリカが圧倒的に強い場合のことを考えているわけですけども、中国は、もはや、宇宙飛行士を出しているレベルですし、宇宙からの攻撃も可能なレベルになっております。

それから、サイバー攻撃もできます。アメリカの軍隊といっても、イージス艦が全部支配して動かしていますので、この〝情報船〟が機能できなくなれば終わりなんです。「イージス艦対策」は立てていますので、イージス艦が発信する命令が目《め》茶苦茶《ちゃくちゃ》になるでしょう。そうなったら、もはや何もできなくなりますよ。

これは、アメリカがイラクを攻《せ》めたときの作戦です。「情報や指揮命令系統を全部ジャム状態（通信回線が使えない状態）にしてしまう」っていうやつですね。それができます。

侍《さむらい》精神のない日本には、「中国の属国」以外の選択肢《せんたくし》はない？

酒井　もし、周恩来さんが日本の首相であったならば、日本を守るために、どうされますか。

周恩来　日本の首相ですか。まあ、中国語を第二外国語として学校で教えるようにします。もう始めないと間に合わないからね。

酒井　それは、「中国に降伏《こうふく》せよ」ということですか。

周恩来　ええ。あと八年あれば、中国語をしゃべれるようになるでしょう。

酒井　今の質問は仮定を間違えました。

要するに、あなたの言わんとしていることは、「日本には、中国の属国になる以外に、もう選択肢《せんたくし》がなくなっている」ということですか。

周恩来　まあ、無理でしょ？　義経《よしつね》がピョンピョン跳《は》ねてるかもしらんけれども、マスコミは、ほかの乱立した政党を一生懸命持ち上げ、それを〝おもちゃ〟にして、もてあそんでるような状態ですから、この国（日本）は、もう国じゃありません。もはや国じゃない。指導者がいないし、意思決定をする人がいない。

酒井　昔の日清《にっしん》・日露《にちろ》戦争あたりの日本人だったら、どうだったでしょうか。

周恩来　うーん……、そのころには、まだ、日本人には「精神」があったからね。

酒井　はい。

周恩来　しかし、今は精神がない。あなたがたは魂《たましい》が抜《ぬ》けてしまっている。日本人は、基本的に中国人以上の唯物論者《ゆいぶつろんしゃ》なので、もはや日本の侍《さむらい》精神はない。

酒井　もし、今の日本人に、当時のような侍精神があれば、中国にとって脅威《きょうい》になるでしょうか。

周恩来　遅《おそ》すぎましたね。戦後七十年近くたってるよね。もう長すぎるわ。だから、やるとしたら、やっぱり、七〇年安保が終わったあとぐらいだったでしょうね。六〇年安保、七〇年安保で、アメリカに与《くみ》することを決めた段階で、「極東の自主防衛は、基本的に日本でやりたい」と言って、それをやるべきだったでしょう。

ミャンマーを訪れたオバマ大統領をどう見ているか

酒井　そうすると、「日中国交正常化は罠《わな》だった」ということになりますか。

周恩来　別に、罠でも何でもなくて、歴史の必然です。罠でも何でもない。

酒井　今から振《ふ》り返ると、罠にはまったような感じに見えますけれども。

周恩来　アメリカが考えることは、いつも一緒《いっしょ》なんですよ。中国を強くして、ソ連と対抗させようとしたわけよ。「ソ連と中国の仲を悪くし、仮想ライバルとしてお互《たが》いに牽制し合わせるために、中国を太らせる」というのが、アメリカの目的でしたからね。

同じようなことは、イランとイラクに対しても言えることで、アメリカは、イランに肩入《かたい》れしていたかと思えば、次はイラクに肩入れし、さらに、イラクと戦争したかと思ったら、今は、イランとも戦争するかもしれないような状況《じょうきょう》です。

アメリカは、「どちらかに肩入れし、お互いに喧嘩《けんか》をさせて、潰し合わせる」というのが得意なんですよね。

酒井　今、アメリカは中国包囲網《ほういもう》をつくろうとしていますが、もう遅いですか。

周恩来　（アメリカは）やってはいますよ。まあ、オバマさんもヒラリーさんと同じように外交を一生懸命やり、ミャンマーに行って、スーチーさんにキスしたりしていますけど、アメリカ的ですねえ。「未亡人を抱《だ》きしめ、キスをしてどうするのか」と私は思いますがね。そっちにキスしないで、軍事政権のほうを殴《なぐ》りに行かなきゃいけないんじゃないでしょうか。

酒井　「今のアメリカは警戒《けいかい》するに足らず」ということですか。

周恩来　彼らは民主化さえすれば、それでいいんでしょ？　まあ、そう思っているんでしょうけどね。

イスラエル防衛戦をやらされたら、アメリカは中国を牽制《けんせい》できない

周恩来　だけど、われわれは、もう一つ、アメリカには中東を噛《か》ませるつもりでいます。

今、イスラム圏《けん》が暴《あば》れているでしょう？　アメリカは、イスラエルを守りたいでしょうけど、「イスラム対イスラエルの戦い」で、イスラエルを守るためには、ものすごいエネルギーを使いますから、もし二正面作戦になって、イスラエル防衛戦と日本防衛戦の両方をやらされたら、やっぱり、疲弊《ひへい》しますわねえ。

要するに、中国を牽制《けんせい》させすぎないためには、イスラエル防衛戦をやらせればいいわけです。

現実には、北朝鮮《きたちょうせん》、中国、それから、パキスタン、イランとの間で、戦略物資の移動は行われています。

石川　先日、国連で、パレスチナを国家として扱《あつか》う決議案が承認されましたが、その際、イスラエル側を擁護《ようご》しようとする国は、アメリカ以外にあまりありませんでした。イラン以外にも、パレスチナを使って、アメリカを孤立《こりつ》させようとする戦略があるのでしょうか。一時期、反米デモが、イスラム圏でたくさん起きたこともありましたけれども……。

周恩来　これは根深いですよ。テロもありましたからね。アメリカは、イスラム全部を、ある意味で、仮想敵にしています。

「イスラム全部を仮想敵にし、中国を仮想敵にして、さあ、その超《ちょう》大国が生き残れるかどうか」という戦いですよね。

彼らが相手にしているのは、高度な武器を持った軍隊や戦闘機ではなくて、体にダイナマイトを巻いて飛び込んできたり、自動車ごと突《つ》っ込んできたりするような〝神風《かみかぜ》部隊〟です。こんなものを相手に軍隊が戦うというのは、極《きわ》めて消耗《しょうもう》戦で、気が変になる人が続出していますね。厭戦《えんせん》ムードが強く出ています。まあ、それも狙《ねら》いのうちですけども、アメリカがイスラエル防衛のために消耗し、「アメリカの正義」が失われていくのは、ほぼ確実だと思いますね。

7　今の中国を指導しているのは「周恩来」

周恩来にとって、宗教は「監視《かんし》・弾圧《だんあつ》の対象」にすぎない

酒井　中国では、歴史的に、「宗教が起因となった反乱が起き、その結果、革命が起きる」というケースが多くあります。これは、中国の最も弱いところかと思うのですが、これに対する対策は何かお考えですか。

周恩来　法輪功《ほうりんこう》とかは、(弾圧《だんあつ》を)だいぶやってますよ。そうとう刑務所《けいむしょ》にぶち込《こ》んでますからね。まあ、弾圧は繰《く》り返しやってるし、宗教関係は、全部、監視下《かんしか》に置いています。

石川　「最近は、チベットからインドに亡命《ぼうめい》する人の人数が減っている。国境の封《ふう》鎖《さ》がかなり厳重になってきている」という情報もありますが、思想統制のほうも、かなり厳しくなっているのでしょうか。

周恩来　ダライ・ラマとかは年だから、もう終わりだと思いますよ。まだ、あちこちに行って、アヒルのようにガアガアと鳴いているようですけど、断末魔《だんまつま》でしょうねえ。

はっきり言って、国を取られて五十年もたったら、もう、取った者のものになりますわね。言うだけ間違《まちが》ってますわ。

まあ、中国の一部になって、世界最大の国になるんですから、彼らにとっても、いいことじゃないですか。あんな迷信に満ちた後《おく》れた国が、世界最強・最大・最高の国の一部になれたんですから。

毛沢東《もうたくとう》の霊《れい》とは「たまに会っている」

酒井　あなたは、神とか、宗教とかを、何か信じていますか。

周恩来　うーん、多少はね。まあ、信じてないわけじゃない。

酒井　どのような宗教を信じていらっしゃいますか。

周恩来　一般《いっぱん》的な意味での信仰心《しんこうしん》のようなものは持っていますけどね。

酒井　今、お還《かえ》りになっている所は、どういう世界ですか。

周恩来「「どういう世界」って言われても……。

酒井　どのような方がいらっしゃいますか。

周恩来「どういう世界」っていう言い方をされても、ちょっと分かりかねますけれども……。

酒井　ご自身が霊《れい》であることは認識されていますよね？

周恩来　うん、まあ、そうだとは思っていますけど。

酒井　毛沢東《もうたくとう》氏とは会いますか。

周恩来　そりゃ、たまに会うことがあるかもしれませんね。

酒井　どのような話をされるのですか。

周恩来　国のあり方についての話をしますけども。

酒井　どういうふうにしていこうと？

周恩来　「どういうふうに」って？　今、話したじゃないですか。

酒井　今のような話を毛沢東氏とされているわけですね？

周恩来　うんうん。

酒井　たまにしか会えないのですか。

周恩来　うん。

酒井　毛沢東氏が来られるのですか。

周恩来　うーん、まあ、来ないですね。

酒井　あなたが行かれるのですか。

周恩来　うん。

酒井　あなたは天国や地獄《じごく》を認識されていますか。

周恩来　うーん……。まあ、そんなものは国によって違うんじゃないの？　なんか、違うような気がするけどね。それぞれの国にあるものなんじゃないの？

だから、あなたがたが地獄と思うものが天国で、天国と思うものが地獄という場合もあるわねえ。

日本の神々なんていうのは、われわれから見たら、侵略者《しんりゃく》のかたまりで、ファシズムのかたまりだから、〝地獄〟ですよ。

酒井　孔子《こうし》については、どうお考えですか。

周恩来　孔子？　孔子はねえ……、最近、孔子の復活ブームがありましたけど、まあ、でも、やっぱり、人間でしょう。

酒井　あなたも人間ですよね？

周恩来　私？　私は、もうすぐ、神様の格が出るんじゃないかなあ。

酒井　今はない？

周恩来　〝周恩来神社〟ができるんじゃないですか。

「周恩来の過去世《かこぜ》」は、文治《ぶんち》もできるタイプの国の指導者

酒井　習近平《しゅうきんぺい》氏の守護霊《しゅごれい》は、ご自身のことを、「チンギス・ハンの生まれ変わりだ」と言っています（前掲《ぜんけい》『世界皇帝《こうてい》をめざす男』『中国と習近平に未来はあるか』参照）。

周恩来　ふーん。じゃあ、侵略者だ。

酒井　それは事実でしょうか。

周恩来　まあ、そう言うのなら、そうなんでしょうよ。だけど、中国には、そういう軍事・政治的に偉大《いだい》な人が、歴史上、山のようにいらっしゃるので、別に何にも驚《おどろ》きませんよ。

酒井　あなたが神様になるとすれば、あなたの過去世《かこぜ》も、そういう方だったのでしょうか。

周恩来　過去、王朝が数多くありますからねえ。

酒井　どういう方だったのでしょうか。

周恩来　まあ、国の指導者でしょうねえ。

酒井　何という方ですか。有名な方なのですか。

周恩来　さあ、どうですかね。

酒井　例えば、いつの時代でしょうか。

周恩来　うーん。あのねえ、愉快《ゆかい》な波動《はどう》ではないんですよ。あんたから訊《き》かれても、全然、愉快じゃない。不愉快な感じなんだ。

酒井　不愉快ですか。それは失礼しました。

周恩来　僕《ぼく》は、君たちの世界観のなかには入らないのよ。ごめんよ。

酒井　「ごめん」？

周恩来　ああ。君たちの世界観のなかに入るつもりはないの！

酒井　要するに、日本は……。

周恩来　君たちが位置づけている階層マップ（霊界《れいかい》の次元構造）に入る気はないの！　別世界に生きているの！

酒井　項羽《こうう》と劉邦《りゅうほう》の時代とか。

周恩来　うーん……。

酒井　中国人のイメージでは、あなたは、「三国志の諸葛亮孔明《しょかつりょうこうめい》のような人だ」と言われていますよね？

周恩来　ああ、なるほど、孔明ねえ。でも、あんなに小さな国じゃないからさ。

酒井　もっとでかい国ですか。

周恩来　うん。もっと、でかいんじゃない？

酒井　やはり、元《げん》のような国がいいのですか。

周恩来　私は、そうだねえ……、もうちょっと文治《ぶんち》ができる人だから、軍事的指導者だけじゃない。まあ、平和な時代でも通用する人間でしょうけどね（注。本霊言《れいげん》収録翌日の韓信《かんしん》の霊示《れいじ》によれば、周恩来の過去世の一つは、漢の国を建国したときに、劉邦を国王として立てた蕭何《しょうか》〔生年不詳《ふしょう》～紀元前一九三〕。前漢《ぜんかん》の宰相《さいしょう》で、張良《ちょうりょう》、韓信と共に「高祖三傑《こうそさんけつ》」の一人であり、韓信を大将軍に推挙した人物である）。

酒井　唐《とう》の時代とか。

周恩来　あなたがた、地球霊界を一つだと思っちゃいけない。地球霊界は、中国霊界とその他に分かれてるのよ。

中国から見れば、日本もアメリカも野蛮《やばん》民族

酒井　あなたは、今、穏《おだ》やかに話してはいますが、要するに、大中華《ちゅうか》帝国をつくりたいわけですね。

周恩来　「つくりたい」って？　もう、できてるじゃない？

酒井　大中華帝国は、まだできていませんよ。

周恩来　できてますよ。

酒井　日本だって、まだあるじゃないですか。

周恩来　中国人には、中国人を中心とした世界しかないんです。

酒井　アメリカもまだありますよ。

周恩来　アメリカは夷狄《いてき》ですから。

酒井　アメリカを攻《せ》め滅《ほろ》ぼさなければ、大中華帝国とは言えないでしょう。

周恩来　あなたねえ、中国は、建国二百年の国なんか相手にしてないんですよ。

酒井　あなたがたの国では王朝が何度も変わっていますが、日本では、皇室が二千年以上も続いています。

周恩来　日本は、アメリカのカリフォルニア州みたいなもんだからさあ。うちをアメリカとすれば、カリブ海に浮《う》かぶキューバか何かぐらいが、日本なのよ。

酒井　そうであれば、沖縄《おきなわ》を取る必要などないではないですか。

周恩来　もともと、うちのもんだから、取る必要はないよ。

酒井　中国のものなんですか。

周恩来　沖縄は中国のもんです。

酒井　沖縄までで止めておきますよね？　日本全部は……。

周恩来　「止めておく」って？　「もともと中国のもんだ」って言ってるのよ。何を言ってんの。

酒井　日本全部もですか。

周恩来　「沖縄は中国のもんだ」って言ってるのよ。固有の領土ですよ。

酒井　九州とか本州とかについては、どうですか。

周恩来　そのへんは、周辺の蛮国《ばんこく》であって、野蛮民族たちが、中国の恩恵《おんけい》を受け、その余徳でもって繁栄《はんえい》しとるのよ。

「日本の繁栄《はんえい》」は一九九〇年のバブル崩壊《ほうかい》で終わった?

酒井　その繁栄《はんえい》は、いつまで許されるのでしょうか。

周恩来　本来、許されない繁栄が、戦後、続いたね。こんなに繁栄しちゃいかんわな。まあ、復興はしてもいいけども。

酒井　日本は、二〇一六年まで、国として保てるでしょうか。

周恩来　日本は、一九四五年に敗戦したけど、その前に犯《おか》した罪の深さから見れば、繁栄は二〇〇〇年までに終わっていなければいけない。まあ、九〇年ぐらいにバブル崩壊《ほうかい》が起きたんだろうから、それで、だいたい、日本は「ジ・エンド」だね。終わったんだ。

その後、そのままの状態でいってるんでしょう？　これから、だんだん、だんだん、世界の中流国に落ちていくからさ。もう、日本は終わったんだよ。

酒井　経済的にも、もう終わったと？

周恩来　うん。もう終わった。だから、今さら、軍事的に強くして、「核《かく》兵器を持つ」と言ったら、今のイランと一緒《いっしょ》だよ。「核武装をして対抗《たいこう》しよう」と思ったら、逆に攻撃《こうげき》を受けるような状態になるだろうね。

酒井　それは、どこからですか。

周恩来　中国からも、アメリカからも。

酒井　アメリカからも、ですか。

周恩来　うん。イランと一緒だよ。自分らは「(日本は)大国だ」と思ってるかもしらんけど、そのうち中流国になるからね。

酒井　ただ、そうなるには、前提として、「米中同盟」ができる必要があるのではないですか。

周恩来　そんなことはないですよ。もう、核不拡散ですからね。基本的に、戦後の体制っていうのは、第二次大戦で、ファシズム体制の日本・ドイツ・イタリアと戦った国がつくったものなんですから。

「北朝鮮《きたちょうせん》のミサイル発射実験」は習近平《しゅうきんぺい》の命令か

酒井　ただ、北朝鮮《きたちょうせん》は、核兵器をつくって、ほぼ完成しているのに、攻められませんよね？

周恩来　北朝鮮は、うちの下請《したう》け工場だ。何にも関係ないじゃないか。

酒井　だから、攻められないと？

周恩来　下請け工場だから。あそこで悪いことをさせるために、置いてあるんだよ。ギャングを雇《やと》ってるようなもんだ。

酒井　今回の北朝鮮の〝ミサイル発射〟実験は、勝手にやっているのですか。

周恩来　いやあ、そんなことはないですよ。勝手にやってません。関係ありますよ。

酒井　あれも習近平《しゅうきんぺい》氏の命令ですか。

周恩来　ええ。当然ですよ。非常事態のときには、〝ヤクザ〟が出動するようになってるんだ。

「習近平《しゅうきんぺい》は経済に疎《うと》いが、ブレーンを使えば大丈夫《だいじょうぶ》」と考えている

酒井　あなたは、今、習近平《しゅうきんぺい》氏にインスピレーションをかなり与《あた》えているのですか。

周恩来　うーん……。インスピレーションを与えてるかなあ……。

酒井　与えているのは、李克強《りこくきょう》氏のほうですか。

周恩来　まあ、今、事実上、中国を率いているのは私だ。

酒井　え？　毛沢東ではないのですか。

周恩来　毛沢東じゃなくて、私ですよ。

酒井　あなたなのですか。

周恩来　うん。私が率いている。

酒井　あなたの考えで、今、中国は成り立っているのですか。

周恩来　基本的には、私が指導している。

酒井　そうなんですか。

周恩来　基本的にやっているのは、私ですねえ。毛沢東は、ちょっと、ぶれが極端《きょくたん》すぎる（笑）。まあ、戦闘《せんとう》のカリスマとしては使えるけど、現実の判断があまりできないですからね。

石川　「習近平氏は経済に疎《うと》い」という話もありますが、「あなたがバックにいれば、大躍進《だいやくしん》政策のような極端なことはさせないから、経済も崩壊しない」ということでしょうか。

周恩来　そうは言っても、昔の中国とは違うからね。要するに、今は、経済界に大物がそうとう出ておりますから、まだまだ人材の補強はできます。「経済が疎いからできない」っていうことはないと思いますよ。

石川　ブレーンが支えるわけですか。

周恩来　そういう人たちを使えば、経済もちゃんとできると思います。

8　中国を中心に世界が動いていくのか

中国にとって幸運だった「オバマ大統領の再選」

石川　先ほどミサイルの話が出ましたが、「北朝鮮《きたちょうせん》は、十二月十日以降、どこかのタイミングで発射する」と言われています。十二月には、韓国《かんこく》の大統領選挙と、日本の衆議院選挙がありますが、あなたとしては、どのタイミングで撃《う》つのが、いちばん効果的だとお考えでしょうか。

周恩来　まあ、あれは挑発《ちょうはつ》だからね。撃てば、韓国だろうと、日本だろうと、いわゆるタカ派、保守派のほうが強くなる可能性が高いので、本当はリスクがあるんですよ。本当はリスクがあるのにもかかわらず、もし撃った場合は、はっきり言って、挑発ですな。

石川　先日、中国も、アメリカを挑発したと思いますが、「挑発できる」ということは、アメリカにも負けない自信があるのでしょうか。

周恩来　いちおう、そういう挑発をしないと、「どういうリアクションになるか」っていうシミュレーションができないんですよ。やっぱり、「どの程度のリアクションをしてくるか」をシミュレーションする必要がある。

北朝鮮からミサイルを撃つ。本当に迎撃《げいげき》するか。迎撃した場合、国民の反応はどうなるか。政府はどうなるか。アメリカはどう動くか。こうしたことを、やっぱり、練習しておく必要があるんですよ。

諸外国の動きはどうなるか。まあ、そういうリアクションを見ることを何度かやって、練習し、「本格始動するときには、どうなるか」を考えなければいけませんのでね。

石川　つまり、本格的な戦いは先だけれども、今は、相手の出方や戦力を窺《うかが》っている段階なのでしょうか。

周恩来　二〇二〇年までに中国を攻撃《こうげき》できなかった場合、アメリカは戦わずして負けます。これが基本戦略です。戦わずして負けると思います。そのころには、もはやアメリカには戦う力がありません。

今回、幸運にもオバマさんを選んでいただいたので、アメリカは、もはや国内問題で頭がいっぱいになるでしょう。

日本の経済成長を否定し、強気の発言を繰《く》り返す周恩来

石川　二〇一六年のアメリカ大統領選挙で、共和党政権ができた場合には、どうなりますか。中国の覇権《はけん》戦略は遅《おく》れるでしょうか。

周恩来　オバマさんがつくった経済的な後退部分を取り返さないと、「強いアメリカ」はなかなか打ち出せないでしょう。だから、難しいと思いますね。そんな簡単ではないですよ。それをやっているうちに、二〇二〇年ぐらいになりますのでね。

酒井　大川総裁の説かれていることが実現すると、日本は経済成長し、軍隊も強くなっていくので、逆にアメリカを支援《しえん》することもできますが。

周恩来　ああ。日本は受け入れないから、大丈夫《だいじょうぶ》です。マスコミが聞かないので、大川総裁や幸福実現党が言っていることを、日本は受け入れません。

石川　ただ、当会と主張の近い安倍晋三《あべしんぞう》氏が、次の首相になりそうです。

周恩来　ああ、駄目《だめ》です。この人は一年以内に撃ち落とされますから。

石川　それは、あなたの手が、日本のマスコミに伸《の》びているからですか。

周恩来　「手が伸びてる」って？　「日本人自身の手によって葬《ほうむ》られる」っていうことだよ。

石川　日本のマスコミを煽《あお》っているわけではないのですか。

周恩来　日本人は、戦後七十年、どっぷりと平和を享受《きょうじゅ》し、「アメリカに守られていれば発展する」という思想に完全に染まり切っているので、「自分たち自身で何かをしよう」という気がまったくありません。別に、われわれが何の手を下す必要もなく、日本人自身が日本を駄目にしていきます。

酒井　ただ、あなたから見れば、日本の経済発展は怖《こわ》いですよね?

周恩来　(経済発展)するわけないじゃない。今、没落《ぼつらく》に入っているのに。

酒井　しないかもしれませんが、したら、まずいですよね?

周恩来　するわけがないじゃない。一九九〇年で、その時代は終わったのよ。もう、それ以上の発展はない。

酒井　「そこまで否定する」ということは、やはり、日本の経済発展が怖いわけですね？

周恩来　それ以上の発展はねえ、もう、〝地球的正義〟が許さないのよ。

酒井　地球的正義が許さない？（苦笑）

周恩来　先の大戦で、あれだけの悪さをした日本に対して、もう、これ以上の発展は許さないの！

酒井　あなたには、生前、そのような歴史認識はなかったはずです。

周恩来　あるんです。中国が今、世界を動かしているんですから。

酒井　「中国が歴史をつくる」ということですか。

石川　中国も、少子高齢化《こうれいか》していくので、他国を侵略《しんりゃく》できなければ、衰退《すいたい》していきますよね？

周恩来　大丈夫なの！　あなたがたが知っている十三億四千万人っていうのは、戸《こ》籍《せき》に登録されている人間の数であって、実際の人口は十六億人なの！　うちには、まだまだ、幻《まぼろし》の軍隊がたくさん存在しているの！

石川　ただ、「貧富《ひんぷ》の差が広がり、かなり不満が溜《た》まっている」と聞いていますが。

周恩来　大丈夫なの！　ほかから金を取るから大丈夫なの！

酒井　それは、経済発展ではなく、習近平《しゅうきんぺい》氏の守護霊《しゅごれい》が言っていた「軍事力をお金に換《か》える」ということですか（前掲《ぜんけい》『中国と習近平に未来はあるか』参照）。

周恩来　世界は、中国を中心に動くんです。経済も、中国を中心に全部動いていくんです。

酒井　人民元《じんみんげん》が基軸《きじく》通貨になるわけですね？

周恩来　うん。中国が全部判断するんです。

過去、一度も日本を属国にできなかった中国

石川　参考までに訊《き》きたいのですが、第二次大戦前の中国の軍隊は、弱くて弱くてしかたがなかったと思います。日本軍が来たら兵が逃《に》げ出すほどでしたが、あの弱さの原因は何だったのでしょうか。清《しん》のときも、どこの国にも負けて、領土を取られまくっています。

酒井　弱かったですね。いざとなったら、逃げ出していました。

周恩来　あのねえ、この二千年のうち八割から九割は、中国が世界ナンバーワンだったんですよ。あんたら、よーく世界史を勉強してください。二千年のうち、八、九割は、中国がＧＤＰナンバーワン、軍事力もナンバーワンなんですよ。

それは、最盛期を過ぎて、ちょっと下っているときに当たっただけなんです。

酒井　ただ、日本には勝てなかったというか、日本は屈《くっ》しませんでしたよね？

周恩来　日本っていうのは、あなた、小島《こじま》なんだから。

酒井　小さな国だと言うのなら、なぜ、中国は、過去の歴史において、日本を属国にすることさえできなかったのですか。

周恩来　そんなもんは、おいしくも何ともない。ごまの粒《つぶ》のようなものなのよ。

酒井　そうですか。中国というのは、〝ごまの粒〟に負けるような国なんですね？

周恩来　負けてないよ。何を言ってんだよ。

酒井　日清戦争で負けたではないですか。

周恩来　ええ？　あれはねえ、ヨーロッパ諸国と戦って、弱り果てたあとじゃないの？　何を言ってんだよ。

酒井　あなただって、逃げるだけ逃げていたではありませんか。あなたは「不倒《ふとう》翁《おう》」と言われていますが、生き延びることだけ考えて非常に卑怯《ひきょう》ですね。

周恩来　なんで卑怯なんだよ。あんたほど卑怯じゃない。

酒井　あなたは私のことを知っているんですか。

周恩来　あんたほど卑怯じゃないよ。あんたは逃げるだけじゃないの？　あんたには逃げる才能しかない。

酒井　なぜ、そう言うのですか。私のことを知っているのですか。

周恩来　ええ？　ちゃんと国ぐらい建ててください。

習近平《しゅうきんぺい》は「今の中国にふさわしいリーダー」なのか

石川　中国は、日本に勝って独立したわけではなく、アメリカが日本を倒《たお》してくれたおかげで、そのおこぼれによって、独立できたわけですが、それが悔《くや》しいというか、「ちょっと鬱憤《うっぷん》を晴らしてやりたい」という気持ちがあるのでしょうか。

周恩来　まあ、アメリカと世界最強決定戦をやりたいんだけども、やる前に、向こうが、自然に消滅《しょうめつ》・衰退していくだろうなと思ってますよ。それがオバマさんの使命だから。

酒井　ただ、中国にとって致命傷《ちめいしょう》なのは、「現実に、この世に生まれている習近平《しゅうきんぺい》氏、李克強《りこくきょう》氏とともに、経済が弱い」ということですね。

周恩来　弱くない。弱くないです。弱くないです。

酒井　弱くないんですか。

周恩来　ええ。今の中国に適正な方々です。私や毛沢東《もうたくとう》の時代よりも、はるかに、経済的にも発展し、軍事的にも強くなった国のリーダーとして、ふさわしいです。

酒井　そうですか。ご健闘《けんとう》を祈《いの》りたいとは思います。
それでは、ありがとうございました。

周恩来　ああ、よろしいですか。

大川隆法　はい。

9 「周恩来の強気の背景」を考察する

中国との貿易額の大きい日米は、もう逃《に》げられない？

大川隆法　うーん。それほど簡単ではなさそうですね。難しいようです。
この周恩来が、事実上、中国を動かしているそうですが、そうかもしれません。

中国のほかの霊人《れいじん》よりも、なかなか認識力があるようには感じます。
中国の人口は世界の五分の一なので、アメリカは人口的には中国にとても敵《かな》いません。中国と経済力で並んだら、アメリカには本当に白旗を揚《あ》げる可能性がありま す。「三億程度の人数で十六億の国家を相手にしなくてはいけないのか」と思うと、戦意がなくなるかもしれませんね。

酒井　中国はソ連とは違《ちが》って東洋ですし……。

大川隆法　ソ連との違いは、もう一つ、「アメリカも日本も、共に、中国との貿易額がかなり大きいので、もう逃《に》げられないようになっている」ということですね。アメリカは貿易面で中国の虜《とりこ》になっているため、動きとしては非戦の方向に流れるのが自然でしょう。
日本も、中国と戦おうとすれば、経済界が嫌《いや》がるでしょう。「中国に投資をして工場をたくさんつくったので、もう引き揚げられない」ということが、やはり大きいのではないでしょうか。

酒井　米ソの冷戦とは違った構造なので、アメリカにとっては、かなり厳しい未来が推察されるのでしょうか。

大川隆法　二〇五〇年になると、次にインドの時代がやってきているでしょうから、中国にとっては、「インドにやられるかどうか」が、かかっているのではないでしょうか。大陸間弾道弾《だんどうだん》の撃《う》ち合いをするとしたら、インドと中国です。日本のような小さな国に撃ったら、日本の国土がなくなってしまいます。

「二〇〇九年衆院選」と「二〇〇八年大統領選」のツケは大きい

大川隆法　さあ、「地球的正義とは何か」の話の内容を、どうしましょうか。

酒井　（苦笑）

大川隆法　周恩来は、日本について、特に何とも思っていないようでしたが、こんなものでしょうね。

酒井　日本を、単なる通過点、アメリカに向かう道の途中《とちゅう》の国のように……。

大川隆法　中国の庭ぐらいに感じているのでしょう。だから、何とも思っていないのではないですか。

それと、意外に中国の空母部隊はダミーかもしれませんね。本当は、あんなもので戦う気はなくて、違う兵器で戦う気のように思えます。あれは外に見せるためのもので、デモンストレーション用であり、実は、違うもので戦う気でいるのではないでしょうか。そんな気がします。

アメリカは、アップルの製品の生産を中国から引き揚げさせようとしていますが、なかなか、「うん」と言わせられないのは、もうすでに中国にやられているからでしょう。引き込み技《こわざ》というか、寝技《ねわざ》に持ち込まれていて、逃げられないようになっています。また、米国債《さい》も、もう、ほとんど中国に握《にぎ》られています。

中国はアメリカを支配しようとしているんですよ。

酒井 「中華帝国主義《ちゅうかていこくしゅぎ》が、はたして地球的正義なのか」が問題です。

大川隆法 アメリカの大統領が、強い大統領でしたら、中国に対して、為替《かわせ》の国家管理等を許さないようなかたちをとると思います。強い圧力をかけ、「門戸開放《もんこ》」「自由貿易」と、やはり、「民主主義の推進」等を中国に迫《せま》るでしょう。

でも、もはや手遅《ておく》れになってきつつあるかもしれません。日本が強かった時代に、アメリカは、それをやらなければいけなかったのです。

日本の二〇〇九年の選挙の誤り（民主党政権の誕生）と、アメリカの二〇〇八年の選挙の誤り（オバマ大統領の誕生）、この二つのツケは大きいかもしれません。

マスコミだけではなく、国民も日本を滅《ほろ》ぼしかねない

酒井　もう本当にカウントダウンの状態であり、「時間がない」ということだけは、はっきりと分かりました。

大川隆法　うーん。幸福実現党の立木《ついき》党首は、源義経《みなもとのよしつね》のように、京の五条の橋の上で跳《と》んでいるのでしょうか。どうしましょうか。

中国は、「自分たちは特に何もする必要がない。日本のマスコミが、勝手に、日本の国体を変更《へんこう》しようとするものを潰《つぶ》すだけのことだ」と言っていますし、自民党の安倍《あべ》さんについても、「総理大臣になっても、一年以内に潰れて終わり」と見て

います。

酒井　マスコミが日本を滅《ほろ》ぼす元凶《げんきょう》になります。

大川隆法　マスコミもそうですが、国民もそうなっているんですね。

酒井　国民もそうですね。

大川隆法　七十年間で、すっかり飼い慣らされてしまいましたからね。アメリカ自身も、「日本を強くして、日本の防衛力を高めたい」とは思っていませんでした。自国の国力を維持《いじ》したいから、そのつもりでいたのに、「こんなに日本が衰退《すいたい》してくるなんて、予想もしていなかった」というところでしょうか。

酒井　日本は、もう、〝ゆでガエル状態〟（お湯のなかのカエルが、少しずつお湯の温度を上げられても、それに気づかず、いつの間にか、死んでしまうこと）になっているのでしょうか。

大川隆法　アメリカ軍が、グアムまで撤退《てったい》したり、オーストラリアのダーウィンに基地を移したりし始めたら、もう、だいたい、中国に押《お》されている証拠《しょうこ》でしょう。中国のミサイルを恐《おそ》れ、逃げているわけです。アメリカに守ってもらうのは、実際上、難しいですね。

日本は、一生懸命《いっしょうけんめい》、アメリカ軍を追い出す運動をやっていますしね。

酒井　日本は、中国の属国というか、本当に北朝鮮《きたちょうせん》に近い国になってきました。

大川隆法　そのつもりでいるのではないですか。中国が日系企業《きぎょう》の焼き討《う》ちをしまくっても、中国人は日本を平気で歩いていられるので、もはや、そういうことになっているのではないでしょうか。

酒井　そういうことですね。

大川隆法　中華帝国主義は、もはや完成しているのではないですか。かわいそうですが、日本は、政府が駄目《だめ》、マスコミも駄目、国民も駄目、全部が駄目だから、どうにもなりません。

だから、幸福の科学が頑張《がんば》っても、「蚤《のみ》が跳《は》ねて終わり」でしょうか。

そういえば、今日の新聞の全面広告では、立木党首の写真が頭の先端《せんたん》部分で途切れていたので、ビンから出ようとして蚤が跳ね、頭を打ったようなものになっていましたね。

酒井　（苦笑）しかし、中国に対抗《たいこう》できるのは、もう幸福の科学の思想しかないと思います。

大川隆法　いや、そんなことはないですよ。党首討論で、各政党の党首たちがズラリと並んでも、幸福実現党の党首が、そのなかに入れてもらえないので、困っているぐらいですから、対抗できるような立場には、まったくありません。

酒井　そうはいっても、やはり、「中国に対抗できるような思想としては、幸福の科学の思想しかない」と思っています。

大川隆法　いや、「そういう抵抗《ていこう》思想があった」ということが、のちの世に記録されるだけなんじゃないですか。

酒井　（苦笑）

大川隆法　現実的には、ほぼ動かない状況《じょうきょう》です。

酒井　決して屈《くっ》したくはないので……。

大川隆法　中国の幹部は、逃げる準備を、いつもしているようですから、当会も、もうそろそろ、逃げる準備をしておいたほうが……。

酒井　「宇宙にでも逃げるかどうか」というところでしょうか（笑）。

大川隆法　中国には、アメリカ本土を攻撃《こうげき》するほどの気はないようですから、国際本部はニューヨークにでも置いたほうがよろしいのでしょうね。

「アメリカにない秘密兵器」を中国は開発中なのか

石川　周恩来の話を聴《き》いていて、「サイバーテロなど、ネット上の技術に、かなり自信を持っているのではないか」という印象を受けました。

酒井　そうですね。

大川隆法　何かやっていますね。

石川　「アラブの春」を教訓にして、ネット上での「言論の自由」を許さないような対策をかなり施《ほどこ》しているようなので、「思想に対しては、そうとう警戒《けいかい》しているのではないか」と思います。

酒井　今の兵器は、ほとんどがコンピュータ技術で動いているので……。

大川隆法　コンピュータを無力化するウイルス技術か、現代技術を無力化する何かを、宇宙人伝授で持っているかもしれませんね。中国にはアメリカのミサイルが撃《げき》墜《つい》できませんから。

石川　当会でも、IT《アイティー》伝道局に、それを打ち破る新しい技術が何か生まれるでしょうか。

酒井　「上空で核《かく》か何かを爆発《ばくはつ》させるだけで電磁波が出て、広範囲《はんい》にわたって電子兵器が使えなくなる」という話があって、アメリカは対策をしているようですが……。

大川隆法　先ほどの周恩来の話の感じでは、まだ日本もアメリカも知らないような秘密兵器を何か開発していますね。何かを持っています。彼らは、まだ日本やアメリカが持っていないものを、今、開発していると思われます。そうとう強力な何かを開発中で、ほかの国では決してつくれないようなものを何か持っていますね。

酒井　そうとうな自信でした。

石川　「アメリカの今の軍事力を恐《おそ》れている」という感じが全然しませんでした。

大川隆法　全然、恐れていませんよ。

酒井　まったく恐れていない感じですね。

大川隆法　でも、そうなのではないでしょうか。もし本当に経済力が引っ繰《く》り返ったら、アメリカは、人口が多い中国に対して、押される感じを持つでしょう。

酒井　そうですね。オバマ大統領の民主党では厳しいかもしれません。

大川隆法　当会はインドに支部を徹底《てってい》的に建てておいたほうがいいかもしれませんね。

酒井　（苦笑）

大川隆法　いやあ、生き延びられるのはインドぐらいですよ。中国はブラジルまで鉱石を取りに行っているぐらいだから、大変なんですけどね。

酒井　「アメリカと中国の経済力が引っ繰り返る前に、何とかしなければいけない」ということでしょうか。

大川隆法　でも、残念ながら、もう、かなり後《おく》れを取ったようです。私が、もう少し早く生まれないといけなかったのでしょうか。

酒井　いやいや。このような時期だからこそ、救世主が生まれているのではないかと思います。

大川隆法　もし周恩来に救世主の意味を訊《き》いたら、「だから、十字架《じゅうじか》に架かるんだろう」と言われそうな感じでしたね。

酒井　とにかく頑張ってまいりたいと思います。

周恩来を再び招霊《しょうれい》し、追加の質問を試みる

大川隆法　（聴衆《ちょうしゅう》のほうを向いて）今回の終わり方は何か物足りなかったのですが、ほかに周恩来への質問はありますか。

酒井　（聴衆に）周恩来に訊きたいことがあれば……。

大川隆法　向こうが、あっさりと、「もはや日米とも中国には対抗できない」という結論を、一方的に出して終わったのですが、それで構いませんか。

会場の女性　インドについて、どう考えているか、訊いていただければと思います。

会場の男性　あとはロシアについてでしょうか。習近平《しゅうきんぺい》氏の守護霊《しゅごれい》は、霊言《れいげん》収録の

際、ロシアに関する話には、かなり反応していました（前掲《ぜんけい》『世界皇帝をめざす男』『中国と習近平に未来はあるか』参照）。

大川隆法　インドとロシアですね。ちょっと待ってください。

（合掌《がっしょう》し、瞑目《めいもく》する）

周恩来さん、周恩来さん、インドとロシアについて、何か追加することがありましたら、お願いします。

（約五秒間の沈黙《ちんもく》）

10　インドとロシアについての見解

カースト制度を崩《くず》さないかぎり、インドは中国に勝てない？

周恩来　はい。

酒井　それでは、追加で質問をさせていただきます。

周恩来　はい。

酒井　インドとロシアへの対策については、どうお考えですか。

周恩来　インドにはカーストがありますから、近代化しないですよ。まず、宗教を潰《つぶ》さないかぎり駄目《だめ》ですね。宗教を潰してしまわないと、最終的には近代化しませんね。

酒井　インドの核《かく》には、「勝てる」と思っていますか。

周恩来　ええ。勝てますね。インドは、人数だけいても、全然、戦力じゃないですからね。

酒井　しかし、本格的な核戦争が起きたときには、中国も、そうとうな被害《ひがい》を受けるのではないでしょうか。

周恩来　勝てます。

酒井　二〇五〇年ぐらいには、インドの人口のほうが増えていると思いますよ。

周恩来　だから、「カースト制度を崩《くず》さなきゃ駄目だ」って言ってんだ！　明治維新《いしん》以降の、四民平等の世の中をインドにつくらないかぎり駄目だ。まず、その革命が起きなきゃ駄目なんだ。

酒井　ただ、経済発展はかなりしてきています。

周恩来　まあ、経済発展してはいますけど、駄目です。貧しすぎますし、文盲《もんもう》率も高いですし、（中国に勝てる）可能性はあまりないですね。

インドを挟《はさ》み込《こ》むために行っている「パキスタンへの援助《えんじょ》」

酒井　あなたは、「インド戦略」について、何か練っているのですか。

周恩来　今の時点では、それほど考えてはおりませんが、（インドには）パキスタンという敵がいますので、パキスタンに援助《えんじょ》をかけています。

私たちには、直接、やる気はなくて、パキスタンがインドを挟《はさ》み込《こ》んでいます。パキスタンからも、弾道《だんどう》ミサイルを撃《う》ち込めますので、インドはパキスタンと殺し合いをして終わりです。基本的に、日本のために戦ってくれることはないのです。

酒井　すごい自信がございますねえ。

周恩来　ええ。パキスタンにも、しっかりと援助してますからね。

「アメリカが中国を攻《せ》めるチャンス」は数年以内なのか

酒井　中国は、「核兵器を無力化する兵器」などを持っているのですか。

周恩来　さあ。それは知りませんけどねえ。

酒井　中国に秘密基地がありますよね（『中国「秘密軍事基地」の遠隔透視《えんかくとうし》』〔幸福の科学出版刊〕参照）。

周恩来　うーん。私はよく知りません。まあ、古い人ですから、よく分かりませんけどね（会場笑）。

酒井　かなり自信がおありですね。

周恩来　ええ。ありますよ。

酒井　アメリカの軍事力に勝てると？

周恩来　「勝てる」と思ってますよ。アメリカが中国に勝とうとしたら、数年以内に攻《せ》めないかぎり、絶対に勝てないです。

酒井　その数年以内に、中国に何が起こるんですか。

周恩来　ええ？

酒井　数年以内に、中国で何が完成するんですか。

周恩来　「何が」って、だから、経済力でアメリカを引っ繰《く》り返すんです。

酒井　経済力だけですか。

周恩来　それに軍事力がついてくるのは当たり前。お金があるところには、軍事力がつくに決まってるじゃないか。

酒井　その軍事力も、性能的には、まだアメリカのほうが上ですよね。

周恩来　「そう思っているところが、アメリカの間違《まちが》いなんだ」と言ってるんだ。

留学生を通して「アメリカの技術」を盗《ぬす》み取っている中国

酒井　あなたがたは、アメリカから技術をどんどん盗《ぬす》み取っているわけですか。

周恩来　日本人は、自分たちを「模倣《もほう》の天才だ」と思っているかもしれませんが、私たちは「盗みの天才」なんですよ。

酒井　なるほど。

周恩来　なぜ、中国が、留学生をたくさん送り込んでいるのか、分からないんですか。アメリカの技術は、ほとんど盗み取ってあるんです。

酒井　先端《せんたん》技術ですか。

周恩来　うん。いっぱい、いっぱい、留学生を出しているじゃないですか。日本に留学したって、ろくなものを持って帰ってこないから、ほとんどアメリカに行っていますよ。

酒井　あなたがたには、空母の完成以外に、何か急がなければいけないものがあるのですか。

周恩来　いや、別に、大丈夫《だいじょうぶ》ですよ。とにかく、中国を攻めたりなんかできませんから、大丈夫です。

日本には「アメリカ、ロシア、インドと組むだけの外交力」はない？

酒井　それでは、ロシアとインドが組んだら、どうなると思いますか。

周恩来　まあ、組まないでしょうね。

酒井　ロシアはどうですか。

周恩来　アメリカに負けた国でしょ?

酒井　しかし、核がたくさん余っています。習近平《しゅうきんぺい》氏の守護霊《しゅごれい》は、かなり怯《ひる》んでいましたよ。

周恩来　あそこの核は、もう錆《さび》ついているから駄目だよ。分解して、プルトニウムを取り出し、エネルギー源に変えられるかどうかだな。

酒井　だけど、あなたがたは、ウクライナの空母を買っているぐらいですからね。

周恩来　うーん。そうは言ったって、いちおう盟友関係が少しは残っているんだよ。たまに、「中国とロシアで、一緒《いっしょ》に軍事演習をしようか」と言うことだってあるわけだからね。アメリカに寄るよりは、こちらに寄るほうが近いんだ。

酒井　日本、アメリカ、ロシア、インドに組まれたら、どうなりますか。

周恩来　日本に、そんな外交力があるわけないじゃないですか。こんなエゴイストの国家に、そんな外交力があるわけない。

酒井　それを「ない」と言い切ってしまうところで、あなたは、いつも思考停止をしますよね。

周恩来　日本に、そんな力があったら、私は、このへんを逆立《さかだ》ちして歩くわ。そんな力はない。

酒井　そうですか（笑）。では、いずれ、逆立ちしていただきます。

周恩来　日本っていう国は、本当にバカだからね。自分のことしか考えられない、ちっちゃな島国なんだ。

「中国の判断にすべてを合わせること」が地球的正義なのか

石川　アメリカやイギリス、ロシアは、原子力潜水艦《せんすいかん》を持っていますが、そういう国が、「刺《さ》し違えてでも、核を撃ち込む」と言ってきたら、どうするのですか。

周恩来　それこそ、うちが言いたいことですよ。一緒です。

石川　そうでしょうけれども、「パーフェクトゲームというのはない」と思います。

周恩来　あっちが撃ったら、こっちも撃ちますけど、「十六億人」対「二億何千万人」かは知らんけども、「どっちが生き残るか知っているか」と言ったら、もう向こうは撃てないからね。

酒井　「そこまで持っていこう」という心があるのですか。

石川　ただ、圧倒《あっとう》的な兵力差があるわけではないですから、中国側にも大きな被害が出ると思います。

周恩来　向こうが撃ち込んだって、うちは、十億人以上、生き延びていますがね。

石川　十億人が生き延びても、あまり大した人がいなければ……。

周恩来　「大した人」って、素晴《すば》らしい人ばっかりですよ。もう、軍人だらけですから、どこからでも軍事指導をすることができる。

石川　一党独裁というのは、だいたい分裂《ぶんれつ》して弱くなっていくのが、今までの歴史の流れです。内乱を起こして、お互《たが》いに同士討《う》ちをすると思いますよ。

周恩来　いやいや、そんなことにならないようにしますから、大丈夫ですよ。とにかく、もう、中国の時代が始まったんです。だから、「地球的正義とは何か」っていうのは、「中国の判断にすべてを合わせなさい」っていうのが結論ですから、十二月五日は、そういう方向で話をするようにね。それ以外の道はない。

11 周恩来が感じる「脅威《きょうい》」とは

「結論が見える大川隆法」は中国にとって怖《こわ》い存在

酒井　では、あなたは、大川総裁について、どう思っていますか。

周恩来　大川総裁について？　うーん、まあ、政治家でなくてよかったね。

酒井　政治家だったら？

周恩来　うっ、まずい。

酒井　どうして？

周恩来　政治家だったら、ちょっと手強《てごわ》い。

ただ、日本人には残念だけど、日本のシステムが、こういう宗教家を政治家にさせないようになっているから大丈夫《だいじょうぶ》。

酒井　しかし、大川総裁の言論は、政治家のなかにも入っていきます。

周恩来　まあ、そんな間接的なもので勝てるほど、甘《あま》くはないですよ。

酒井　大川総裁のどのような考えが政治に入ったら、怖《こわ》いんですか。

周恩来　うーん……。マスコミのように、ぐにゃぐにゃした迷路みたいな通路を通さないで、結論が見えるところが怖いですね。

酒井　「中国の弱点を知られている」ということですね。

周恩来　うん。だから、「習近平《しゅうきんぺい》並みにやれる」ということですよ。大川さんの場合は、「こうすべきだ」と言って、そのとおり、やらせられるからね。だけど、日本は、今、そういう人を政治指導者に望んでいないんですよ。日本は、お笑いタレントみたいな人を求めているんですよ。だから、無理です。

酒井　ただ、そういう人が出てきたときには、中国の覇権《はけん》が取れなくなる可能性があるわけですね。

周恩来　いやあ、でも、せいぜい頑張《がんば》って、泥沼《どろぬま》に潜《もぐ》り込《こ》むぐらいが限度ですよ。泥沼ですよ。

「中国は悪魔《あくま》の国である」と決めつけられないオバマ大統領

石川　確かに、今の日本には、第二次大戦前のイギリスのようなところがあるのですが、チャーチルのような英雄《えいゆう》が出たら、その流れを逆転することもできるかと思います。

周恩来　チャーチルを〝英雄〟と思うあたりが、あんたがたの知恵の足りなさなんだよ。

石川　英雄じゃないですか（苦笑）。

周恩来　英雄じゃありませんよ、あんなのは英雄じゃない。

石川　どういう意味で、英雄ではないのですか。

周恩来　英雄じゃない。あれは、ただの単細胞《たんさいぼう》なんだ。敵か味方かを分けるだけが、彼の取り柄《え》だ。

酒井　とすると、大川総裁のなかには、そういう、単純な敵味方ではない、あなたにとって嫌《いや》なものがあるわけですね。

周恩来　いやあ、チャーチルみたいな者だって、うっとうしいですよ。アメリカの大統領で言えば、前のレーガンがそうだったね。敵か味方かを分けて、勝手に「悪《あく》魔《ま》の国」って決めつけるでしょ？

今のオバマさんだったら、それができないからね。アメリカの大統領が、「中国は悪魔の国だ」と言うんだったら、けっこうこたえますけども、ああいう人は、一生懸命《いっしょうけんめい》に「オバマケア」をやってますから、駄目《だめ》ですわ。だいたい、「黒人たちに医療《いりょう》保険を受けさせたい」とか、「学校へ行かせたい」とか、そんなことしか考えていないので、やっていることは、ほとんど、日本の政治家と変わらなくなっていますわね。

酒井　いわゆる人気取りですか。

周恩来　そういうこと。

酒井　日本もアメリカも、優《やさ》しい人気取りの政治家であれば、あなたにとっては安全であると？

周恩来　まあ、よかったですよ。

それから、立木《ついき》党首が口下手なのもよかったわ。二枚目で口が立ったら大変なことだからな。口が立たないために、政治的進出がそうとう遅《おく》れるでしょうね。

酒井　では、幸福実現党の政治的進出を、非常に恐《おそ》れてはいるんですね？

周恩来　いやあ、もうちょっと早くなきゃ駄目ですね。やっぱり、宗教をやらずに、二十五年以上前に政治をやったらよかったのよ。そうしたら勢力がつくれていたかもしれないのに、バカなことをしたもんだねえ。

「自由」ではなく「奴隷《どれい》」がつくられる「中国の正義」

酒井　あなたのやっていることは、自分で見て、正義だと思いますか。正しいと思いますか。

周恩来　それは中国が決めるんじゃないか。過去二千年のうち、まあ、三千年ぐらいでもいいけど、二千何百年もの間、いつも、中国が「正義」を決めてきたんだよ。

酒井　しかし、「人々に自由がない」というのは、正義なんですか。

周恩来　それは、「神の正義」ですよ。当たり前です。

酒井　自由のないことが正義ですか。

周恩来　神と人間は別なんですから。神の代理人が「皇帝《こうてい》」なんです。

酒井　なるほど。では、抑圧《よくあつ》された人々が世界中に広がることが、あなたの「地球的な正義」なんですね。

周恩来「抑圧されている」と思うことが、あんたの間違《まちが》いなんですよ。人民というのは、「支配されたい」という気持ちを持っている。

石川　いや、ただ、それに耐《た》えられなくて……。

周恩来「自分で判断する」っていうのは、たいへん疲《つか》れることなのよ。

酒井　要するに、「精神的な奴隷《どれい》になる」という状態が、「中華《ちゅうか》帝国の正義」ですね。

周恩来　違うのよ。神様の心と一体化したら奴隷になるわけよ。

酒井　ただ、自由に意見を言ったりしてはいけないんですよね。自由に、習近平を批判したり、あるいは、周恩来を批判したりするのはいけませんよね？

周恩来　ええ。だから、あんたがたが宗教でやろうとしていることを、私たちは政治でやっているだけです。あとは、これを宗教でやっているのは、イスラム教徒だけですね。イスラムの全体主義です。これは、何らの批判の余地もないですからね。間違っていようが、どうしようが、何も言いようがないんですから。

酒井　われわれは、あなたがたと同じではありません。

最終戦争は「イスラム圏《けん》と中華帝国《ちゅうかていこく》との吸収合戦」になる？

周恩来　われわれは、アメリカや日本を相手にしていないですよ。もし、最終戦争があるとしたら、「イスラム圏《けん》と中華帝国《ちゅうかていこく》との吸収合戦」であって、それが始まるとは思っている。

酒井　では、イスラム圏であるイランの核《かく》兵器はほぼ完成していると思いますか。

周恩来　まあ、イランぐらいでは怯《おび》えませんけどね。イスラム全体がまとまってきて、これが世界宗教化してくる場合には、ちょっと抵抗《ていこう》しなければいけないところがあります。

二十一世紀中は、イスラムと中国が世界をリードするんじゃないでしょうか。

酒井　インドは脅威《きょうい》ではないのですか。

周恩来　まあ、大丈夫です。あの宗教（ヒンズー教）をやめさせないかぎり、大丈夫です。

酒井　インドに幸福の科学の思想が入ったらどうですか。

周恩来　駄目ですね。インドには唯物論《ゆいぶつろん》が入らなきゃ駄目ですよ。インドに唯物論が入って、宗教を全部やめさせる。「転生輪廻《てんしょうりんね》の思想」と「四姓《しせい》制度」をやめさせて、四民平等の社会をつくり、全員に教育のチャンスを与《あた》えて自由化しないかぎり、インドは脅威じゃない。

中国経済が崩壊《ほうかい》する可能性はあるのか

酒井　習近平氏や李克強《りこくきょう》氏の打つ手に、ミスはありえないのですか。

周恩来　意味が分かりませんね。

酒井　人間としてミスをすることはありませんか。彼らは完璧《かんぺき》な神なんですか。

周恩来　あんたはねえ、「横綱《よこづな》は幕下《まくした》に負けることがあるんですか」というような質問をしてるのよ。

酒井　横綱だって負けることはありますよね。

周恩来　まあ、そういう評論家みたいなことを言っても、無駄だから。時間の無駄はやめなさい。

酒井　彼らの打つ手において、いちばんまずいシナリオは、経済で失敗することです。

周恩来　日本のように、マスコミや週刊誌のタネにするためだけに、一年ごとに首相を替《か》えているような国には、そういうことを言う権利がないのよ。

酒井　中国には市場経済が入ってきてしまっているので、あなたがたの手の及《およ》ばないところで、崩《くず》れる可能性はありますよ。

周恩来　うーん。まあ、私たちは、もっと賢《かしこ》いのよ。

酒井　通貨が暴落したら、どうなるのですか。

周恩来　そんなことはありえないです。われわれは世界なんですよ。一つの世界として、もう完結しているんです。

中国人以外の民族は「レプタリアンの餌《えさ》」になる？

石川　ただ、人類は七十億人以上いて、中国人以外の人口のほうが多いですよ。それに、中国は今、あまりに品のない国連での演説などで、国際的にだいぶ孤立《こりつ》しています。

周恩来　あとの民族はねえ、もう、宇宙人の餌《えさ》になることが決まってるのよ。だから、いいのよ。

石川　宇宙人と組んでいるのですか。

周恩来　ええ。あなたがたの大好きな宇宙人のレプタリアン（爬《は》虫類《ちゅうるい》型宇宙人）が来て、食べていくのよ。

石川　中国はレプタリアンと手を組んでいるのですか。

周恩来　中国はねえ、レプタリアンに餌を与えるだけであって、別に食べられる必要はありません。

酒井　技術供与《きょうよ》を受けているわけですね。

周恩来　そんなことは知りません。ＳＦの話をしてるだけです。

酒井　ＳＦなんですか。

周恩来　うーん。ただのＳＦの話よ。

酒井　では、あの透視《とうし》は嘘《うそ》だと言うんですか。

周恩来　何か透視したの？

酒井　大川総裁が、中国の軍事基地を透視しました（前掲《ぜんけい》『中国「秘密軍事基地」の遠隔《えんかく》透視』参照）。

周恩来　そういう、〝淫祠邪教《いんしじゃきょう》〟は追い払《はら》わなきゃ駄目ですよ。やっぱり、唯物論で日本の〝国教〟を固めなきゃ駄目です。

酒井　要するに、そこは秘密にしなくてはいけないわけですね。

周恩来　ええ。〝国教〟を固めなきゃいけません。やっぱり、現実が大事です。物は大事です。日本人は、物価を安定させ、経済を発展させないようにして、貧しく、卵二個を食べて生きていきなさい。

中国人は「何一つ手を出せない日本人」をバカにし切っている

石川　中国は、反日デモなどで、世界中から非難を浴びました。その後、中国経済に打撃《だげき》が出るのを考慮《こうりょ》して、矛先《ほこさき》を収めたと思いますが……。

周恩来　「非難を浴びている」と言っても、それをキャッチしているのは、情報機関だけであって、一般《いっぱん》の人はキャッチしていませんから、「非難を浴びている」とは思っていません。

石川　中国の隆盛《りゅうせい》がどこまで続くか分かりませんが、どこかで、必ず、ターニングポイントが来て、退潮していくと思います。

周恩来　「(中国が) 何をやっても、何一つ手を出すことができない」というのは、今回、日本やアメリカを見て、よく分かりましたからね。アメリカも、なーんにもできやしない。日本も、なーんにもできやしないのが、よく分かりましたよ。

あれだけやられてねえ、百億円以上の被害《ひがい》が出ているのに、自己費用で店舗《てんぽ》を改修して、もう一回、店を開き、「よろしくお願いします」と揉《も》み手《で》しているのを見て、中国人はバカにし切っていますよ。この日本人の「前垂《まえだ》れ商法」を、本当にバカにし切っていますわ。

12　中国が「内部崩壊《ほうかい》」する可能性

「情報統制できる国」は強い国なのか

酒井　ほかに、誰《だれ》か質問はありませんか。真輝さんは、どうですか。

大川真輝　私は、「人民の力をなめてはいけない」と思っています。

現在、グローバル社会となり、ほかの国の環境《かんきょう》といったものも、インターネットなどを通じて、すぐに分かるような社会になっていると思います。

一方、今の中国は、情報統制を敷《し》いて、他国の状況《じょうきょう》などを一切《いっさい》見えないようにしており、自国の首脳陣《じん》の批判もできない状況になっております。

しかし、今後、中国が今以上の先進国となっていくならば、国民が他国の状況などを見ていく機会も必ず多くなります。そうなったとき、やはり、自国の体制がおかしいことに気づくと思うのです。

われわれは、「全体主義国家や共産主義国家は、ソ連と同じように崩壊《ほうかい》していくのではないか」と考えているのですが、その点に関して、お訊《き》きしたいと思います。

周恩来　まあ、それは、一種の価値観の強制ですわね。

あなたがたは、「アメリカ的なものでなくてはいけない」とか、「日本のように自由にものが言えたらいい」とか思うかもしれないけど、われわれから見れば、日本は、マスコミが好き放題にやっていて、政党なんか、もうぐちゃぐちゃに揉《も》みほぐされている。漫才師《まんざいし》でも、落語家でも、誰が出てもいいし、何でもいいから持ち上げて、自分たちの〝おもちゃ〟にしている。その結果、一年で首相が替《か》わり、政権が替わっている。

こんなことで、外国の脅威《きょうい》に立ち向かえるはずがない。やっぱり、一枚岩になってやっているところが強いに決まっていますよ。（中国主席は）少なくとも十年はやれるし、自分の意を汲《く》んだ人だけしか、あとを継《つ》げないので、まったく問題ない。つまり、情報統制ができない国は弱い国で、できる国が強い国なんです。はい。だから、全然、問題がないと思います。

それに、日本には、くだらない情報が多すぎますし、くだらないマスコミの情報を排除《はいじょ》できないだけの弱さがありますからね。それで、中国に対して、まったく批判ができないでいる。かわいそうにねえ。

大川真輝　情報社会が発達してきたのは、つい最近のことですが、「情報を統制する」ということは、時代に逆行する考え方であると思います。

周恩来　情報統制だけじゃないでしょ？　あなたがたが中国大使館に抗議《こうぎ》したって、五人一組で三分ずつ話して終わりでしょ？　中国では、日本の企業《きぎょう》は、丸ごと〝火あぶり〟ですから。それで平気なんですよねえ。

大川真輝　それは、「日本は、法によって、きちんと定められている社会である。近代国家である」という証でもあるのです。

周恩来　それがねえ、「進んでいる」と思っているところが間違《まちが》いで、遅《おく》れているんですよ。実を言えば、遅れているんです。ええ。

「中国の皇帝《こうてい》は〝生き神様〟である」という本心

大川真輝　「皇帝《こうてい》は何をやってもよいが、国民は何も自由を与えられない」というのは、秦《しん》の始皇帝《しこうてい》であるとか、その時代のレベルの話であると思います。

周恩来　だから、「人権、人権」と言う国は、弱い国なんです。

大川真輝　しかし、世界史上、神を信じない国や唯物論《ゆいぶつろん》国家が繁栄《はんえい》したことは、結果的にはありませんし、私は、「アメリカが繁栄した原因は、やはり神を信じる心にあった」と思っております。

したがって、われわれは、「中国のような唯物論国家が繁栄することは、長い視点で見たら、絶対にありえない」と考えているのです。

周恩来　いや、「人権を重視する」ということは、「神様を軽視する」ということと一緒《いっしょ》なんですよ。つまり、「人権を重視する国」というのは、結局、基本的に神様を認めていないんです。

大川真輝　いや、そうではなくて、国のトップというものは……。

周恩来　民主主義の原点は、「国民の合意でできる」と思っているところにある。すなわち、ルソーのように、「国家は、『一般意志《いっぱん》』で動いている」と思っているところが、神様をすでに否定しているのであって、実際上、神様を信じている国じゃないんですよ。それは、「神様を利用している国」であって、信じてはいない。

中国の皇帝はねえ、〝生き神様〟なのよ。それを分かっていないからいけないのよ。信仰《しんこう》がないわけじゃない。「皇帝に対する信仰」があるわけ。

大川真輝　いや、それは違います。もともと、「なぜ、信仰が立ったか」と言えば、その国のトップである方が、神の声を聞き、「人民がどの方向に進んだら、よい国になるか」を知っていることへの信頼《しんらい》があったからです。

周恩来　だから、私が中国の神なの！　分からないの？　私が神なの！（今で言えば）習近平《しゅうきんぺい》が神なの！　だから、信仰はあるの！

大川真輝　その習近平氏が何をやっているか、国民はしっかり見ていますよ。

周恩来　習近平は、〝イナゴ〟を食べるように指導しているだけなのよ。

酒井　あなたは、何をやっているんですか。

周恩来　世界に〝イナゴ〟がいっぱい繁殖《はんしょく》しているから、「ちょっと、これを減らさないといかん」ということを指導しているだけなのよ。うん。〝イナゴの害〟を取り除かなきゃいけないからね。

「人民の不満」を日本やアメリカに向けるのが狙《ねら》い

大川真輝　やはり、中国は、そういう意味でも、まだまだ近代国家とは言えないような状況であると思います。
もっともっと、この日本のように、「法に基《もと》づく近代国家」として、きちんと発展していっていただきたいと、われわれは考えています。
日本は、今、政治的には弱いかもしれませんが、幸福の科学としては、「宗教的な思想」や「神を信じる心」などを中国にどんどん打ち込《こ》んでいって、中国の内部から、人の心のなかから、変えていきたいと考えております。

周恩来　私たちは、日本人なんて人間と思っていないんです。日本人っていうのは、グレイみたいなもので、魂《たましい》の宿っていないサイボーグにしか見えない。

酒井　それが神の心ですか。

周恩来　ええ。あなたがたは、もう本当に、こんにゃくでつくられた、こんにゃく玉みたいな存在ですよ。中身も何にもない。味もない。おいしくもない。

大川真輝　いや、人民の力をバカにしてはいけません。

周恩来「人民の力」と言ったって、そんな暴動ばかり起こす力を認めたってしょうがないでしょう。

酒井　しかし、今、中国の人民には、そうとう不満が溜《た》まってきています。

周恩来　不満……。それを日本に向けるのよ。

酒井　それだけでは収まらなくなってきていますよね。

周恩来　あと、アメリカにも向けるのよ。

酒井　それだけでは収まらないです。

周恩来　いや、収まります。

大川真輝　もっと世界的な視点を国民が持ったときは、絶対、自国の政府のほうに、批判は向かっていくと思います。

周恩来　だから、立場を替えれば一緒なんだって。あんたがたが「世界宗教をつくりたい」と言っているところを、うちは、「世界帝国をつくる」と言っているだけだからね。人民はそれに酔《よ》うのよ。

酒井　今の話でいきますと、「人民の不満をアメリカや日本に向ける」ということですが、では、中国が世界帝国になったら、どこに向けるのですか。

周恩来　ええ？　全世界を支配できたら、もう、それでいいじゃないですか。

酒井　そうしたときに、その人民の不満は、どこに行くのですか。

周恩来　不満？　それで不満はなくなるの。それで、みんな、〝昇天《しょうてん》〟するわけよ。

酒井　全員を殺してしまうのですか。

周恩来　え？　いえいえ。もう満足して死んで、あの世へ還《かえ》るのよ。

「人民の不満を外に向けさせる手法」もすでに手詰《てづ》まり

大川真輝　われわれは、例えば、「太平天国《たいへいてんごく》の乱」（一八五〇～一八六四。キリスト教思想のもと、清朝末期に起きた反乱）のようなものが必ず起きてくると考えております。

周恩来　そんなものは鎮圧《ちんあつ》しますから。

酒井　拡大し切ったときには、絶対に止められないと思いますね。

周恩来　二百万人からの地上軍がいますからねえ。デモ隊で、それ以上はつくれませんよ。

酒井　逆に、あなたがたは、「大きくなればなるほど、弱点が増える」ということですね。

周恩来　うん、まあ……。

酒井　不満をぶつける先がなくなってきますからね。

周恩来　いくら言ったって、日本の自衛隊を動かすこともできないんだから、しょうがないでしょ？

酒井　いや、もし、「日本が衰退《すいたい》していく」と仮定すれば、もはや、日本は、あなたがたが批判する相手ではなくなります。同様に、アメリカが衰退していけば、批判すべき相手ではなくなります。そうすると、今度は、あなたがたが批判されるようになるんですよ。

周恩来　いや、別に、日本は、ほっといても構わないんですよ。

酒井　今、「人民の不満を外に向ける以外に方法がない」ということは、すでに、そこで手詰《てづ》まりなんですよ。

大川真輝　そういった批判を外に向けたりするのは、ごまかしにすぎません。「市場経済」と「全体主義」の矛盾《むじゅん》で現体制も崩壊《ほうかい》寸前？

周恩来　あなたがたはねえ、日本が取られることばっかり、心配してるんだろ？　日本なんか取らないかもしれないよ。もう、日本なんかほったらかして、周りを取っていくだけかもしれないからね。

周りの東南アジアの国をザーッと取って、オーストラリアを取って、アメリカを分断していけばいいわけですからね。さらに、ブラジルのほうを押《お》さえて、全部押さえて、切っていきゃいいわけですよ。日本だけ、独《ひと》り孤立《こりつ》してればいいんでね。

そうかもしれないよ。

大川真輝　いや、中国が他国と貿易などを行って、経済的に拡大していけば、確かに発展はしますけれども、中国の社会主義市場経済という体制には、「諸刃《もろは》の剣《つるぎ》」に当たるような部分があり、矛盾があります。貿易等を通じ、アメリカをはじめとする他国の自由主義的な考え方が入ってきたときに、それと矛盾《むじゅん》した全体主義という体制は、いつか必ず崩《くず》れることになると思っております。

周恩来　ああ、駄目《だめ》なのよ。そういう西洋型の思想には間違いが入っていることが、まだ分かってないだけでしてね。全体主義以外で中国がまとまったことはないのよ。

酒井　それが、今、壊《こわ》れようとしていますよね。

周恩来　壊れないの！

酒井　すでに、ネットの世界では、中国は規制し切れなくなっているわけですよ。

周恩来　壊しても、次の全体主義が出てくるだけだから、一緒なの！

酒井　いや、しかし、今の共産党政権は壊れますね。

周恩来　明《みん》が潰《つぶ》れても清《しん》ができたように……。

酒井　つまり、「現体制が壊れる可能性」を、あなたも認めているわけです。

周恩来　元《げん》ができて、明ができて、清ができたのと同じなの！　だから、皇帝を倒《たお》しても、次の皇帝ができてくるのよ。それが中国なの！

13　あくまでも「情報統制」する中国

「反日デモ」の一方で「民主化要求」を強める中国人民

大川真輝　例えば、「天安門事件《てんあんもんじけん》」が起きるきっかけとなった方として、胡耀邦《こようほう》（元・中国共産党総書記）という方がいます。この方は、「中国は民主化すべきだ」と訴《うった》えて、中国の元老《げんろう》たちに封《ふう》じられましたが、国民のなかでは非常に人気の高い方です。

周恩来　そういうのは、軍が言うことをきかないのよ。

大川真輝　最近の中国では、胡耀邦故居《こきょ》（記念館）ができ、人民のなかでは、孫文《そんぶん》と同じぐらいの人気を集めています。

周恩来　民主化を進める政治家では、軍が言うことをきかない。軍を掌握《しょうあく》できないから、必ず追い出されるんです。軍を掌握できなかったら、支配ができない。

大川真輝　けれども、中国の国民は、民主化の方向に、どんどん寄ってきています。中国内部では、「反日」だけではなく、「民主化せよ」という運動も、一部、起こってきているという事実があります。

酒井　デモに参加している人たちの多くは、要するに、職がないわけでしょう?

周恩来　いや、職はありますよ。普段《ふだん》は勤めているけども、「ああ、デモの時間だ」って、みんな、会社から出てきてやってるんだもん。

酒井　もちろん、全員ではないでしょうが、職のない人たちが中心になっていますよね?

周恩来　ちゃんと、職はありますよ。

「格差拡大」で不満が溜《た》まる解放軍の反乱を抑《おさ》えられるか

酒井　あなたは、「軍を掌握するか、しないか」ということを言いましたが、今、軍のなかでも、「エリート」と「そうではない者」、「持てる者」と「持たざる者」

との格差が、かなり開いてきているのでは？

周恩来　当たり前じゃないか。どこだって、そうなりますよ。

酒井　軍のなかで、昔、日本であった「二・二六事件」のようなことが起こる可能性だって、十分にあるわけですよね？

周恩来　ああ……、無理ですね。大きすぎて、とてもじゃないけど、倒《たお》せない。

酒井　いや、それぞれの軍区で言えば、それほど大きいわけではないですよ。

周恩来　無理です。

酒井　例えば、北京《ペキン》軍区だって、瀋陽《しんよう》軍区だってあります。

周恩来　やったところで潰《つぶ》されますから、駄目《だめ》です。

酒井　そこが反乱を起こしたら、どうなりますか。

周恩来　中国は、そういうことに対しては、経験が豊富なんです。

酒井　その人たちだって、ネットで情報を得ることはできます。

周恩来　まあ、ネットに情報が出るのは、しょうがないよ。でも、次に、偽《にせ》情報を流せば終わりですから。うちは、国民を洗脳することについては長《た》けてるんですよ。

酒井　いやいや。それ以上に、「本当のことを知りたい」という欲求が強いのではありませんか。

周恩来　だから、中国の国内法が〝国際法〟なんです。全部、国際法に換《か》えますのでね。

酒井　しかし、それを封じ込《こ》められるだけの力が、はたして、今の中国にあるかどうかです。

周恩来　アメリカもヨーロッパも衰退《すいたい》している。日本も衰退している。終わりです。

酒井　その前に、「人民が我慢《がまん》し切れるか」というところでしょうね。

周恩来　（中国が）世界一になれば、人民も文句の言いようがないでしょ？　世界一になるためには、〝臥薪嘗胆《がしんしょうたん》〟が必要なんです。

「神は自由を喜ばない」から国民を一元管理している？

酒井　中国の人々が、「他国にある自由」というものを知ったときには、どうなるでしょうか。

周恩来　いや、戦前の日本と一緒《いっしょ》ですよ。

酒井　「他国にある自由」として、例えば、日本のアニメカルチャーなども入っていますよね？

周恩来　日本を見て、「本当に情けない民族だ」と、みんな思っているんですよ。

酒井　そう思わせているんですね。

周恩来　（日本政府は）震災《しんさい》が起きても、何の動きもできない。中国軍が（日本の領海に）向かっても、何も言えない。アメリカが島（尖閣《せんかく》諸島）を守るために、オスプレイを配備しても、まだ反対運動をしている。「この国は狂《くる》っとるわ」って、みんな思ってるのよ。

酒井　ただ、日本に帰化《きか》した元中国人のなかには、「あの国（中国）は間違《まちが》っている」と言っている人たちもいますよね？

周恩来　でも、まあ、一人か二人だね。

酒井　いやいや。今後、そういう人がもっと多く出てくるのではないでしょうか。

周恩来　うーん、たまには、そういうのもいるだろうね。

大川真輝　いや、中国国民の生活水準は、まだまだ、そうとう低いので、例えば、アメリカや日本などの海外に留学した人などが、自由主義国における実際の生活水準を見たときに、間違いなく不満が溜《た》まってくると思います。

今、中国の大学では、例えば、北京大学や精華《せいか》大学においても、すべての学生に対する情報管理とも言えるものが行われていて、自由とは言いがたい環境《かんきょう》となっております。そのため、実際に、日本の大学へ留学した中国の学生たちのなかには、「日本は、なんて自由な国なんだ。ここにずっといたい」と言う人が大勢いるのです。

このように、中国国民たちが世界の常識を知っていったときに、彼らの考え方ももっと変わっていくと思います。

周恩来　神様は、自由を喜ばないんですよ。人間に自由を与《あた》えると、自我が生まれる。自我が生まれると……。

酒井　それが怖《こわ》いのですね？

周恩来　自我が生まれると、意見の相違《そうい》が生まれる。意見の相違が生まれると、天国と地獄《じごく》が生まれる。

酒井　そうすると、「中国は滅《ほろ》びる」というわけですね。

周恩来　だから、神様の意見に合うように、一元管理してるのよ。

「中国は発展している」という嘘《うそ》に基《もと》づいて忠誠心を求める政府

酒井　あなたがたは、日本やアメリカ、中東その他、さまざまな地域に中国人を送り込《こ》んでいますよね。その人たちは、テレビやネットなどを自由に見ることができるのでしょうか。それとも、見られないのでしょうか。

周恩来　見られますよ。海外ではね。

酒井　その人たちは、中国に帰って、どう思いますでしょうか。

周恩来　いや、そらあ、もう、忠誠心を持たなきゃいけないでしょうね。

酒井　本当に忠誠心を持てるのでしょうか。

周恩来　「中国がどんどん発展している」ということを見せるかぎりは、忠誠心がある……。

酒井　ただ、中国の都市部ではなく、田舎《いなか》の惨状《さんじょう》を見たときに、どう思うのでしょうか。

周恩来　いや、「これから発展する」ということでしょうね。

酒井　軍のなかにも、そういう考えがありますよね？

周恩来　うーん。いや、軍はねえ、豊かな暮らしをしていますからね。

大川真輝　やはり、「中国の統制は、嘘《うそ》に基《もと》づいたものである」と考えております。毛沢東《もうたくとう》時代にも、食糧《しょくりょう》難の時期に、「なぜ、中国人民は肉を食べられないのか」ということに対し、「毛主席は肉など食べていないのだ。だから、われわれ人民も肉を食べることは許されないのだ」といった説明がなされていたようです。

周恩来　毛主席は、立派な立派な食事をしていましたよ。

大川真輝　はい。実際には、そのようですね。

周恩来　ええ。立派な食事と、立派な女性に囲まれて、優雅《ゆうが》な優雅な生活をしてましたから。

酒井　そこに嘘があるわけですよ。

14　中国経済の「弱点」とは

一族の資産を海外に逃《に》がしている中国共産党幹部

酒井　そういえば、この間、習近平《しゅうきんぺい》氏の守護霊《しゅごれい》の霊言《れいげん》を収録したときに（前掲《ぜんけい》『中国と習近平に未来はあるか』参照）、「オーストラリアに一族の資産を逃《に》がしている」という話をしたら、ものすごく怯《ひる》んでいました。

周恩来　ふーん。

酒井　そのときの印象としては、「これはマズい」と本人は感じているようでした。

周恩来　それはねえ、（人民）元《げん》が万一のときに備えてやったんだよ。

酒井　あの強気な習近平氏が、そこだけは、守護霊の言葉も極《きわ》めて弱くなったんですよ。

周恩来　だから、（共産党幹部は）みんな、個人財産の損失を恐《おそ》れているだけでしょう？　温家宝《おんかほう》もね。

大川真輝　なぜ、財産の流出を恐れているのでしょうか。

周恩来　場合によっては、元が動かなくなることがありえるからね。

酒井　先ほど、あなたは、それについて否定していたではないですか。

周恩来　ええ？　否定はしてないけども、世界征服《せいふく》ができなければ、そういうこともあるからね。
まず、アメリカっていうのは、資産凍結《とうけつ》をやるから、元で持っている財産に凍結をかけてくるだろう。

酒井　それが怖《こわ》いわけですか。

周恩来　「貿易で使えないようにしてしまう」という……。

酒井　では、その手を打たれたら終わりではないですか。

周恩来　ええ？　だから、「そうならないように、経済的に追い抜《ぬ》かなきゃいけない」ということですよ。

人民の反乱を恐《おそ》れる党上層部は「国外脱出《だっしゅつ》」を準備中？

大川真輝　天上界《てんじょうかい》にいるあなたは、すごく強気でいらっしゃいますけれども、実際に、中国を治めている上層部の人たちは、すでに、逃げに入っています。彼らには、「中国の崩壊《ほうかい》」というものが見えていると思います。

周恩来　うーん……、まだ見えてないね。それはね……。

酒井　トップが腐敗《ふはい》してきたら、もう終わりでしょうね。

周恩来　まあ、温家宝（一族）が二千二百億円も貯《た》めてたことも、中国人民は知らないから。うん。

酒井　いや、アメリカに行っている中国人は知っているわけですよねえ。

周恩来　まあ、海外にいる人はね。

酒井　日本も知っています。

周恩来　だけど、それを国内で流したら、そいつは捕《つか》まりますよ。

酒井　ただ、知っていますよね？

周恩来　うーん、でも、〝物言えば唇《くちびる》寒し……〟ですから。

石川　温家宝首相が辞《や》めるに先立って、「私のことを忘れてほしい」と言われていましたが……。

周恩来　その意味は、「国外に逃げる準備をしている」ということですね。

石川　下手をすると、人民の反乱が起きる可能性があることを、指導者層は、みな認識しているというわけですか。

周恩来　いや、そうじゃないね。中国では、「権力者を辞めたら、次の権力者に殺されることがある」っていうことですよ。

酒井　要するに、上層部はそれを知っているわけですね。彼らは、本当に恐怖《きょうふ》を感じながら政治をしているわけですよね。

周恩来　北朝鮮《きたちょうせん》だって、スイスかどこかにお金を逃がしていますから。

酒井　いずれ、それは明るみに出ます。やはり、この時代に、完全に隠蔽《いんぺい》し切ることはできませんよ。

周恩来　うーん、でも、客観的数字は、どんどんよくなっていますからね。

「発展途上国《とじょうこく》」のふりをして自由経済をブロックしている中国

酒井　ただ、あなたの今の発言のなかに、「この指摘《してき》はかなり厳しかった」という感じを見て取れますし、先ほどおっしゃった人民元について、あなた自身も信頼《しんらい》感を持っていないのでしょう？

周恩来　うん。まあね。まだ、自由競争に堪《た》えられないからね。

酒井　通貨の動きというものは、いずれ、中国だけではコントロールできなくなるはずですよ。

周恩来　うーん。ここには、まだ、「発展途上国《とじょうこく》」扱《あつか》いで許してもらってるところがあるからね。これが、自由経済にさらされたときには弱いわね。

酒井　この部分で、「思わぬこと」が起きる可能性はあります。

周恩来　要するに、外国で起きたことが波及《はきゅう》することになるからね。今、それが波及しないように、国家がブロックして、〝防波堤《ぼうはてい》〟をつくっている。

酒井　「それがどこまで許されるか」ですけれども……。

周恩来　そのへんのことは、本当は、一流国になったら許されないことだけれども、ここまで来たら、許されるところまでは引っ張っていきたいね。

酒井　これは危ないですね。

周恩来　うーん、まあ、ちょっとね。だから、日本とアメリカに賢《かしこ》い人が出てきたときには危ない。

酒井　日本には大川隆法という方がいます。

周恩来　うーん……。まあ、宗教家だから、大丈夫《だいじょうぶ》でしょう。

酒井　いやいや、非常に数多くの政治的な発言もしている方です。

周恩来　言うことをきかないと思いますから。

石川　ロムニー候補が、「もし、大統領選に当選したら、中国をすぐに『為替《かわせ》操作国』に指定する」と言っていましたけれども。

周恩来　そうでしょうね。大川総裁の考えもそうでしょ？

石川　中国は、「日本が衰退《すいたい》した原因」について、おそらく、よく研究していることと思います。それは、「円高が一つの大きな原因ではないか」と言われているのですが、人民元が自由競争にさらされたときにも、中国経済にはかなりダメージが出るように見えるのです。

周恩来　うん。元だけじゃなくて、関税もあります。

石川　関税を撤廃《てっぱい》し、元を高くすれば、中国の〝足腰《あしこし》〟もかなり弱るはずです。

周恩来　自分たちのものは安売りして、外からは、高い関税をかけたものしか入らないようにしていますから。

酒井　では、ＴＰＰ（環《かん》太平洋戦略的経済連携《れんけい》協定）には……。

周恩来　入れないです。

酒井　入れないのですね？

中国は「経済破綻《はたん》」の兆候を数値操作でごまかしている

大川真輝　今、中国経済には、かなり無理がきていると思います。

そもそも、中国では、土地が国の持ち物であるのに、土地の使用権を得て数十年単位で借りた方に固定資産税をかけようとしています。ただでさえ経済的に減退している局面で、わざわざ課税対象を増やすようなバカなことをしようとしておりますので、そうとうの無理がきていると、われわれは考えております。

周恩来　うーん、「政治と経済の分離《ぶんり》」っていうのは、実際上、なかなか無理なことなんです。

石川　だから、今、必死になって、関税率の操作をしたり、人民元を不当に安くしたりするように、力を尽《つ》くしているのでしょうか。

周恩来　ああ、それは、韓国《かんこく》もおんなじだからね。

石川　そうですね。では、そこを崩《くず》せば、中国経済にも破綻《はたん》の芽が出てくるわけですね。

周恩来　いや、破綻するかどうかは分からないよ。強ければ……。

石川　弱くなっていきます。

周恩来　強ければ繁栄《はんえい》しますからね。しかし、破綻するかどうかは分からない。

酒井　ただし、習近平氏の守護霊は経済に弱かったですし、李克強《りこくきょう》氏の守護霊も、同様ですよね？

石川　先の李克強守護霊の発言は、自由主義経済に対する理解が足りない印象でしたけれども、あれで本当にブレーンが務まるのでしょうか。

酒井　彼は、「経済を知っている」と言っていましたが、実は知らないようです。

周恩来　まあねえ。中国も、現代社会ではあるけど、いまだに科挙《かきょ》の試験を受けてるようなものだからね。いくら難しいとは言っても、科挙の内容をやったところで、現代のことは分からないでしょ？　まあ、そのようなものですよ。

酒井　だから、為替の問題など、分からないわけですね？

周恩来　知るわけないじゃない？　分かるわけがない。

酒井　これは、為替操作によって、一発で駄目《だめ》になる可能性がありますね。

周恩来　そんなこと、実際にやってない人が分かるわけないじゃないか。

15 「マスコミ改革」が日本の未来を変える

中国の自信の背景にあるのは「強力な軍事力」のみ

石川　あなたも、大量の餓死《がし》者を出して失敗した毛沢東《もうたくとう》の「大躍進《だいやくしん》政策」を止められませんでしたから、もし、習近平《しゅうきんぺい》氏がバカなことをしようとしても、李克強《りこくきょう》氏などのブレーンが止められない可能性もあると思いますよ。

周恩来　それはあるだろうけどもね。

まあ、いずれにしても、われわれは、三億人や五億人ぐらい、人が死ぬことは何とも思ってないから、戦争をしたら強いんです。

酒井　中国の軍事力が強いのは認めます。「軍事力を背景とした自信だ」というのは、今、よく分かりました。

そして、「それ以外にはない」ということも分かりました。

周恩来　うーん。あなたねえ、中国人が三億人ぐらい、日本になだれ込《こ》んできたら、どうするのよ。

酒井　しかし、その人たちが、日本で自由の考えを持って、中国に帰ったら、どうしますか。

周恩来　ええ？　いや、もう、私がその気になりゃ、朝鮮《ちょうせん》戦争なんか、すぐに起こせるんです。すぐに国を取れるから、難民が出るよ。

酒井　ただ、中国という国自体が経済的にもたなくなったら、どうするのですか。

周恩来　だからねえ、韓国《かんこく》民がボートピープルになって、日本にいっぱい流れてきますよ。どうするんですか。簡単ですよ。

酒井　その前に、自国をどうするんですか。

周恩来　一日です。一日で戦争が起こせるんです。

酒井　軍事的な力、すなわち、実際的な暴力のようなかたちなら、あなたがたは強いのかもしれませんが、自由主義の市場経済のなかで発展していくことは無理でしょうね。

偽《にせ》情報で国民を洗脳する現代の中国は「一種の邪教《じゃきょう》」

周恩来　あんまり理解はしてないかもしれないけど、中国型のやり方っていうのは、日本の江戸《えど》時代の鎖国《さこく》みたいなものですから、別に構わないんですよ。

酒井　ただ、「本当のことを人民に知られる」というのは、非常に怖《こわ》いことですよね？

周恩来　ええ。あなたがただって、「知る」ということに対しては、週刊誌を批判してるでしょ？　だから、知ることは悪いことなんですよ。知らないでいいんです。

酒井　いや、嘘《うそ》を流してはいけないのです。週刊誌は、あなたがたのようなものですよ。

周恩来　そんなことはありません。

酒井　偽《にせ》の情報をつくって流すことは、洗脳と同じですからね。

周恩来　「上の偉《えら》い人の秘密を暴《あば》く」っていうのが週刊誌……。

酒井　はっきり言って、〝現代の邪教《じゃきょう》〟は週刊誌なのです。

周恩来　うーん。じゃあ、私たちの体制は正しいんだ。

酒井　あなたがたの体制も〝邪教〟です。

周恩来　私たちの体制は正しいんだ。邪教ではない。

酒井　現代の中国は〝邪教〟です。

周恩来　もう、統制された情報しかない。

「言論の自由」のない国は必ず滅《ほろ》びる

酒井　神の意志とは、一言で言えば、「人間に自由を与《あた》えよう」ということです。

それが神の心なのです。

周恩来　日本なんか、国営放送であるＮＨＫが、国を裏切って、国益に反することばっかり報道する左翼《さよく》なんですからね。

酒井　はい。今の日本にも、「言論の不自由」があるのは事実です。

周恩来　もう、「国を売る言論」が日本を動かしているんです。そりゃ、駄目《だめ》ですよね。

酒井　要するに、「言論の不自由」があると、国は滅《ほろ》びるんですよ。ＮＨＫのようなものも、そうです。

周恩来　自由のなかの左翼もあるわけで、国を売る勢力が自由……。

酒井　正しい言論を封《ふう》じ込《こ》め、偽の言論を流したら、国は滅びるんですよ。それは、中国にも同じことが言えます。

周恩来　いや、あんたら、日本は滅びようとしているんだ。

酒井　だから、日本は、今、〝ミニ中国〟ですよ。

周恩来　今、日本は滅びようとしていますよ。

酒井　「言論の自由」がないような今の体制であれば、「日本が滅びる」イコール「中国が滅びる」ということなのです。

周恩来　関係ないわ。日本みたいな小さな国のことはどうでもいい。そんなもん、今日、沈《しず》んだって、何の影響《えいきょう》もない。

酒井　いや、だから、大きくなればなるほど、あなたがたは危なくなってきますよ。

周恩来　そんなことはない。大丈夫《だいじょうぶ》です。

「アメリカの五倍の経済規模の国」を目指している中国

酒井　ならば、あなたがたの作戦はどういうものですか。

周恩来　だから、今、私たちは、国民一人当たりアメリカ人と同じ年収にするところまで持っていくつもりでいるんです。結局、「(中国は) アメリカの五倍ぐらいの経済規模の国になる」ということですね。

酒井　それは無理でしょう。どうやって実現するのですか。

周恩来　うん、いやあ……、これ……。

酒井　あなたの国の製品を輸出できるのですか。

周恩来　このまま発展したらいけますよ。うん。

酒井　どうやって発展させるのですか。

周恩来　このまま発展していけますよ。七、八パーから、十パーぐらい……。

酒井　元高《げんだか》になっただけで、すぐに物が売れなくなりますよ。

周恩来　ザーッと発展していけば大丈夫ですよ。ええ。

酒井　人民元がただの紙切れになっても、お金を渡《わた》すのですか。

周恩来　まあ、「所得倍増」をやってますのでね。

酒井　いくらでも数字は操作できるわけですよね。

周恩来　日本が「バブル潰《つぶ》し」をしたような、あんなバカなことはやりませんから。

大川真輝　ＧＤＰ成長率が七パーセント程度であったとしても、中国では雇用の維持に「八パーセント成長」が必要とされているため、失業率はどんどん上がっていくように聞いておりますが。

周恩来　いや、もともと、中国人の生活は、失業者と同じようなものですから、それよりよくなるしかないんですよ。

酒井　いや、よくなるかどうかは分かりませんね。

尖閣《せんかく》問題を機に「日本の侍《さむらい》精神」が目覚めつつある

石川　それから、中国には自由がなくて苦しいために、永住権を求めて中国本土から香港《ホンコン》に妊婦《にんぷ》が殺到《さっとう》し、香港の出生数全体の四割を占《し》める事態も起きています。

やはり、「自分の国から逃《に》げ出したい」と国民が思うような国は、一時期、繁栄《はんえい》したように見えても、長続きしないと思います。
また、今の日本は、確かに、明治維新《いしん》前のような体《てい》たらくかもしれませんが、その一方で、明治維新の英傑《えいけつ》たちも生まれ変わってきています。日本人には、ひとたび目覚めると、侍《さむらい》精神で、「自らの命を捨てても、相手を倒《たお》す」というところがありますので、それほどバカにはできないと思いますよ。

周恩来　いや、人材の層の厚みは、中国の歴史のほうがはるかに上ですよ。

石川　いえ。こちらのほうがクオリティーは高いと思います。

周恩来　いやいやいや。中国には、もう、何千、何万という人材が……。

石川　過去の戦争で、「日本が中国に明らかに負けた」ということは、ほとんど見当たりません。あなたがたは、元寇《げんこう》のときにも日本に負けていますし、日清《にっしん》戦争のときにも負けています。歴史上、そういった事実はないのではないでしょうか。

周恩来　まあ、近いうちに、どこかで一戦することになるでしょうから、そのときに、われわれのあまりの強さに驚《おどろ》くと思いますよ。

石川　逆に、変な言い方ではありますが、中国が一発ぐらいミサイルを撃《う》ってくれると、日本国民も目覚めるかもしれません。もちろん、それがよいか悪いかは別ですが……。

周恩来　北朝鮮で前哨戦《ぜんしょうせん》をやりますから、それを相手にしてくださいよ。ミサイルを一本撃たれただけで、もう、あなたがたの国は、蜂《はち》の巣を突《つつ》いたようになるだろう。こんな国が強いわけないでしょ？

石川　いや、尖閣《せんかく》の問題を契機《けいき》として、今、例えば、「憲法九条を改正したほうがよい」という人のほうが増えてきている状況《じょうきょう》です。こうしたことが何度か起きてくれば、日本人も確実に変わっていくと思います。

周恩来　うちは、他人の国のものでも、「自分の国のものだ」と言ったら、それが自国の領土になるんです。そういう国なので、すでに覇権《はけん》国家なんですよ。

日本の未来を変えるには「左翼《さよく》マスコミの改革」が急務

酒井　しかし、あなたがたの国のなかにも、幸福の科学の思想は入り込んでいます。

周恩来　ああ、それは、もうすぐ一網打尽《いちもうだじん》にしますよ。

酒井　ただ、霊的《れいてき》な面としても、「光の天使が中国に入り込む」と言っている霊人《れいじん》もいます。

周恩来　うーん、あなたがたの言う「光の天使」とは、みんな、刑務所《けいむしょ》に入っている人たちのことでしょうからね。

酒井　今はそうかもしれませんが、そういう人たちは、決して、あなたがたの考えには屈《くっ》しないでしょう。

石川　プーチン大統領も親日ですし、日本とアメリカ、ロシア、インド、さらに、それ以外の国とも手を組めば、それほどうまくいかないと思います。

周恩来　まあ、空想の話は、もうやめましょう。

結局、日本のマスコミは左翼《さよく》で、中国のシンパなんです。だから、あなたがたは、「勝ちようがないんだ」ということだけを知っておれば、それでいいですよ。それが結論です。

酒井　分かりました。では、そこを変えればよいのですね。

周恩来　ええ。「左翼マスコミでは、この国を救えない」ということです。「マスコミの扇動《せんどう》に乗らないかぎり、選挙では勝てず、政権がつくれない」ということは、結局、「(日本の) 政権は中国が動かしている」ということです。「日本は、すでに中国の植民地下にある」ということです。以上です。

酒井　それを変えれば、日本の未来は変わるわけですね。

周恩来　日本は中国の植民地下にある。以上です。

大川隆法　はい。それでは終わりにしましょう。

酒井　ありがとうございました。

あとがき

劉邦《りゅうほう》を立て、中国王朝を代表する前漢を建てたのは、蕭何《しょうか》（宰相）、張良《ちょうりょう》（軍師）、韓信《かんしん》（大将軍）の三人である。一介の酒飲みの小役人を漢の皇帝にまでした男、その男が今回、周恩来として生まれ変わって、四半世紀にわたり毛沢東を軍事的カリスマに立てて、中華人民共和国を誕生させたのである。さらに次の新主席となる習近平《しゅうきんぺい》がジンギスカンの転生の姿となると、今後、新中華帝国が、世界帝国を目指すのは歴史の必然だろう。

今の日本にも、源頼朝、義経をはじめ、日本武尊《やまとたけるのみこと》など国創《くにづく》りの軍神も数多く生まれている。この十年が勝負である。神の国として、黄金のジパングとして、この国が果たすべき使命は大きい。私は決して負けない。「幸福実現党」はひるまない。「幸福の科学」は決して揺《ゆ》るがない。世界の運命の鍵はわれらが握《にぎ》っている。

二〇一二年　十二月三日

幸福《こうふく》の科学《かがく》グループ創始者兼総裁《そうししゃけんそうさい》　大川隆法《おおかわりゅうほう》

『周恩来の予言』大川隆法著作関連書籍

『日蓮が語る現代の「立正安国論」』（幸福の科学出版刊）
『国家社会主義とは何か』（同右）
『サバイバルする社員の条件』（同右）
『小室直樹の大予言』（同右）
『中国「秘密軍事基地」の遠隔透視』（同右）
『李克強 次期中国首相 本心インタビュー』（幸福実現党刊）
『世界皇帝をめざす男』（同右）
『中国と習近平に未来はあるか』（同右）
『公開霊言 天才軍略家・源義経なら現代日本の政治をどう見るか』（同右）

周恩来《しゅうおんらい》の予言《よげん》 ――新中華帝国の隠れたる神――

2012年12月10日　初版第1刷

著　者　　大《おお》　川《かわ》　隆《りゅう》　法《ほう》

発行所　　幸福の科学出版株式会社

〒107-0052 東京都港区赤坂2丁目10番14号
TEL(03)5573-7700
http://www.irhpress.co.jp/

印刷・製本　株式会社 堀内印刷所

落丁・乱丁本はおとりかえいたします

ISBN978-4-86395-291-1 C0031
Photo: Dominique BERRETTY / RAPHO/ アフロ

大川隆法ベストセラーズ・中国の指導者の本心

中国と習近平に未来はあるか
反日デモの謎を解く

「反日デモ」も、「反原発・沖縄基地問題」も中国が仕組んだ日本占領への布石だった。緊迫する日中関係の未来を習近平氏守護霊に問う。
【幸福実現党刊】

1,400円

世界皇帝をめざす男
習近平の本心に迫る

中国の次期国家主席・習近平氏の守護霊が語る「大中華帝国」が目指す版図とは? 恐るべき同氏の過去世とは?
【幸福実現党刊】

1,300円

李克強 次期中国首相 本心インタビュー
世界征服戦略の真実

「尖閣問題の真相」から、日本に向けられた「核ミサイルの実態」、アメリカを孤立させる「世界戦略」まで。日本に対抗策はあるのか!?
【幸福実現党刊】

1,400円

※表示価格は本体価格(税別)です。

大川隆法ベストセラーズ・米露指導者の本心

バラク・オバマのスピリチュアル・メッセージ
再選大統領は世界に平和をもたらすか

弱者救済と軍事費削減、富裕層への増税……。再選翌日のオバマ大統領守護霊インタビューを緊急刊行！日本の国防危機が明らかになる。
【幸福実現党刊】

1,400円

ヒラリー・クリントンの政治外交リーディング
同盟国から見た日本外交の問題点

竹島、尖閣と続発する日本の領土問題……。国防意識なき同盟国をアメリカはどう見ているのか？　クリントン国務長官の本心に迫る！
【幸福実現党刊】

1,400円

ロシア・プーチン新大統領と帝国の未来
守護霊インタヴュー

中国が覇権主義を拡大させるなか、ロシアはどんな国家戦略をとるのか!? また、親日家プーチン氏の意外な過去世も明らかに。
【幸福実現党刊】

1,300円

幸福の科学出版

大川隆法 ベストセラーズ・中国民主化の理想

この国を守り抜け

中国の民主化と日本の使命

平和を守りたいなら、正義を貫き、国防を固めよ。混迷する国家の舵取りを正し、国難を打破する対処法は、ここにある。

【幸福実現党刊】

1,600円

公開霊言

老子の復活・荘子の本心

中国が生んだ神秘思想の源流を探る

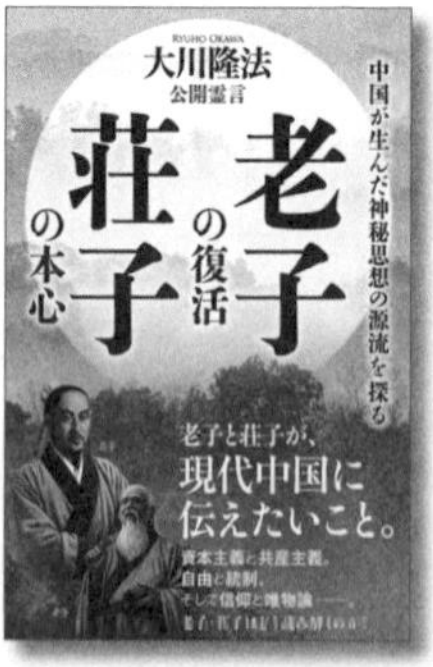

中国の神秘思想のルーツ──老子と荘子が、欧米と張り合って苦しんでいる現代の中国人に語った、自由と平和へのメッセージ。

1,400円

孫文のスピリチュアル・メッセージ

革命の父が語る中国民主化の理想

中国や台湾で「国父」として尊敬される孫文が、天上界から、中国の内部情報を分析するとともに、中国のあるべき姿について語る。

1,300円

※表示価格は本体価格(税別)です。

幸福の科学グループのご案内

宗教、教育、政治、出版などの活動を通じて、地球的ユートピアの実現を目指しています。

宗教法人　幸福の科学

一九八六年に立宗。一九九一年に宗教法人格を取得。信仰の対象は、地球系霊団の最高大霊、主エル・カンターレ。世界百カ国に迫る国々に信者を持ち、全人類救済という尊い使命のもと、信者は、「愛」と「悟り」と「ユートピア建設」の教えの実践、伝道に励んでいます。

（二〇一二年十二月現在）

公式サイト
http://www.happy-science.jp/

愛

幸福の科学の「愛」とは、与える愛です。これは、仏教の慈悲《じひ》や布施《ふせ》の精神と同じことです。信者は、仏法真理をお伝えすることを通して、多くの方に幸福な人生を送っていただくための活動に励んでいます。

悟り

「悟り」とは、自らが仏の子であることを知るということです。教学《きょうがく》や精神統一によって心を磨き、智慧《ちえ》を得て悩みを解決すると共に、天使・菩薩《ぼさつ》の境地を目指し、より多くの人を救える力を身につけていきます。

ユートピア建設

私たち人間は、地上に理想世界を建設するという尊い使命を持って生まれてきています。社会の悪を押しとどめ、善を推し進めるために、信者はさまざまな活動に積極的に参加しています。

国内外の世界で貧困や災害、心の病で苦しんでいる人々に対しては、現地メンバーや支援団体と連携して、物心両面に渡り、あらゆる手段で手を差し伸べています。

年間３万人を超える自殺者を減らすため、全国各地で街頭キャンペーンを展開しています。

公式サイト
http://www.withyou-hs.net/

ヘレン・ケラーを理想として活動する、ハンディキャップを持つ方とボランティアの会です。視聴覚障害者、肢体不自由な方々に仏法真理を学んでいただくための、さまざまなサポートをしています。

公式サイト
http://www.helen-hs.net/

INFORMATION

お近くの精舎・支部・拠点など、お問い合わせは、こちらまで！

幸福の科学サービスセンター

TEL. 03-5793-1727（受付時間 火〜金：10〜20時／土・日：10〜18時）

幸福の科学グループサイト **http://www.hs-group.org/**

教育

学校法人 幸福の科学学園

幸福の科学学園中学校・高等学校は、幸福の科学の教育理念のもとにつくられた学校です。人間にとって最も大切な宗教教育の導入を通じて精神性を高めながら、ユートピア建設に貢献する人材輩出を目指しています。

幸福の科学学園
中学校・高等学校（男女共学・全寮制）
2010年4月開校・栃木県那須郡

TEL **0287-75-7777**
公式サイト
http://www.happy-science.ac.jp/

関西校（2013年4月開校予定・滋賀県）
幸福の科学大学（2015年開学予定）

仏法真理塾「サクセスNo.1」

小・中・高校生が、信仰教育を基礎にしながら、「勉強も『心の修行』」と考えて学んでいます。

TEL **03-5750-0747**（東京本校）

心の面からのアプローチを重視して、不登校の子供たちを支援しています。また、障害児支援の「**ユー・アー・エンゼル！**」運動も行っています。

不登校児支援スクール「ネバー・マインド」

幼少時からの心の教育を大切にして、信仰をベースにした幼児教育を行っています。

エンゼルプランV

NPO 活動支援

学校からのいじめ追放を目指し、さまざまな社会提言をしています。また、各地でのシンポジウムや学校への啓発ポスター掲示等に取り組むNPO「いじめから子供を守ろう！ネットワーク」を支援しています。

公式サイト **http://mamoro.org/**

ブログ **http://mamoro.blog86.fc2.com/**

相談窓口 **TEL.03-5719-2170**

政治

幸福実現党

内憂外患《ないゆうがいかん》の国難に立ち向かうべく、二〇〇九年五月に幸福実現党を立党しました。創立者である大川隆法党名誉総裁の精神的指導のもと、宗教だけでは解決できない問題に取り組み、幸福を具体化するための力になっています。

党員の機関紙
「幸福実現News」

TEL 03-6441-0754
公式サイト
http://www.hr-party.jp/

出版
メディア
事業

幸福の科学出版

大川隆法総裁の仏法真理の書を中心に、ビジネス、自己啓発、小説など、さまざまなジャンルの書籍・雑誌を出版しています。他にも、映画事業、文学・学術発展のための振興事業、テレビ・ラジオ番組の提供など、幸福の科学文化を広げる事業を行っています。

TEL 03-5573-7700
公式サイト
http://www.irhpress.co.jp/